The Color of Fashion

10 different colors
10 different fashions
100% World History

패션, 色을 입다

10가지 색, 100가지 패션, 1000가지 세계사

패션, 色을 입다

펴낸날 2023년 5월 10일 1판 1쇄

지은이 캐롤라인 영
옮긴이 명선혜
펴낸이 강유균
편집위원 이라야 남은영
기획·홍보 김아름 김혜림
교정·교열 이교숙 정아영 나지원
경영지원 이안순
디자인 바이텍스트
마케팅 신용천

펴낸곳 리드리드출판(주)
출판등록 1978년 5월 15일(제 13-19호)
주소 경기도 고양시 일산서구 고양대로632번길 60, 207호.(일산동, 대우이안)
전화 (02)719-1424
팩스 (02)719-1404
이메일 gangibook@naver.com
홈페이지 www.readlead.kr

ISBN 978-89-7277-374-0 (03320)

캐롤라인 영 지음
명선혜 옮김

패션, 色을 입다

10가지 색, 100가지 패션, 1000가지 세계사

The Color of Fashion

컬러의 탄생 × 역사를 만든 패션

10가지 컬러를 주제로 인류 문화를 관통하는 매혹적 패션 이야기

리드리드출판

CONTENTS

파리 패션 위크(2020)

우리는 대담한 컬러의 시대에 살고 있다. 인스타그램에는 햇살 가득한 배경 아래 슈거 핑크, 브릴리언트 블루, 트로피컬 그린 등 화려한 색상의 옷을 입은 인플루언서들이 피드를 밝게 장식한다. 컬러는 정치와도 연관성을 찾아볼 수 있는데 과거 여성 참정권 운동에 경의를 표하고자 미국 의회 의원들이 입은 흰색 바지 정장에서부터 바이든 대통령의 취임식에 참석한 이들의 화사한 색의 코트를 보라. 청년 계관시인 어멘다 고먼Amanda Gorman은 카나리아의 노란색을, 영부인 질 바이든은 하늘색을, 미셸 오바마가 꾸민 담자색은 색을 통한 의식적인 행위의 표현이라 할 수 있다.

INTRODUCTION

컬러와 패션으로 세상과 교감하다

우리는 어릴 때부터 옷의 색이 얼마나 중요한지, 각각의 색이 어떠한 의미를 전달하는지를 배우며 컬러가 지닌 심리적 요소에 영향을 받았다. 밝은색은 우리의 감각을 자극한다. 분홍이나 파랑은 아기의 성별을 알리며, 형광 노란색 조끼는 잠재적인 위험을 경고한다. 또한 컬러가 인간의 정욕과 욕망 같은 감정을 불러일으킨다는 사실은 라디오에서 흘러나오는 노래 제목이나 가사에서도 알 수 있다. 바비 빈튼Bobby Vinton의 〈블루 벨벳〉, 무디 블루스Moody Blues의 〈나이트 인 화이트 새틴Nights in White Satin〉, 프린스Prince의 〈라즈베리 베레Raspberry Beret〉, 크리스 드 버그Chris de Burgh의 〈레이디 인 레드Lady in Red〉, 라나 델 레이Lana del Rey의 〈블루 진Blue Jeans〉 등이 대표적인 예이다.

빨간색은 피와 열정을, 파란색은 고요함과 바다와 하늘의 끝없는 공간을, 초록색은 자연을 떠오르게 한다. 물론 이런 색의 상징성은 문화나 시대에 따라 바뀌기도 한다. 빅토리아 시대에는 배우자가 죽으면 검은 옷을 입었지만 인도에서는 흰옷을 입었다. 아일랜드에서는 녹색이 행운을 의미하지만, 중국에서는 매춘부와 그 가족임을 나타내는 색으로 녹색 모자나 두건을 쓴다. 또한 서양의 결혼식 신부는 순백색 옷을 입고, 힌두교의 신부들은 다산과 번영을 상징하는 빨간색 드레스를 입는다.

옷 색깔로 사람을 판단하는 것은 보통 우리의 '경험'이나 '고정관념'에서 출발한다. 올 핑크색 의상은 화려함을, 화이트진은 자유주의 특권을, 오렌지 점프슈트나 드레스는 대담하고 파격적인 인상을 갖는다. 반면 블랙 의상과 화장은 고딕적 우울함으로 받아들인다.

패션 디자이너들 또한 특정한 컬러에 지배를 받거나 선호한다. 코코 샤넬의 리틀 블랙 드레스, 발렌티노의 빨간색, 에르메스의 오렌지색 상자, 랄프 로렌과 막스 마라의 뉴트럴 톤 갈색과 크림색, 프라다의 녹색이 그 예이다. 영화나 텔레비전 시리즈, 뮤직비디오 등 대중문화에서도 컬러는 용도에 따라 각각의 연관성을 갖는다. 강렬한 빨간 드레스를 입은 여성은 성적 자신감으로 연출되고, 검은 옷은 주로 악당의 이미지를(기대를 뒤엎기 위해 흰색 옷을 입기도 한다), 노란색은 기쁨과 행복의 순간을 묘사할 때 주로 사용된다.

컬러는 수 세기에 걸쳐 유행을 이끌며 새로운 의미를 만들어 냈다. 고대 로마에서는 노란색이 여성을 위한 색인 반면, 검은색은 애도를 뜻했다. 바다 달팽이의 분비선에서 염료를 추출하는 티리안 보라색은 그 희소성과 높은 가격으로 황제와 왕족만이 소유할 수 있었다. 기원전 1000년경 제작된 기독교 미술품에서 흰색은 순수함을, 빨간색은 그리스도의 피를, 파란색은 성모 마리아를 상징하는 기독교의 컬러로 확립되었다. 검은색은 16세기 유럽의 종교적 영향으로 경건함을 상징했다. 하지만 1950년대에 이르자 세련됨과 반항을 상징하게 되었다. 18세기 프랑스 궁인들과 귀족들은 화려한 레몬색, 복숭아색, 콘플라워(청색)색상의 의복을 선택했다. 제인 오스틴 작품의 배경이 되는 영국

고스 가수 수지 수(1980)

의 섭정 시대에는 신고전주의 패션의 단순함과 평등주의에 대한 열망으로 속이 비치는 얇고 하얀 모슬린 천 드레스가 각광을 받았다.

각종 색이 지닌 이미지와 지위는 수 세기에 걸쳐 바뀌었다. 고대 이집트인의 6가지 기본 색상인 '검정·흰색·빨강·초록·파랑·노랑'은 죽음, 삶, 다산 또는 승리 같은 강력한 개념을 나타낸다. 고대 그리스의 작가 호메로스는 하늘을 청동색으로, 바다를 포도주색으로, 양을 보라색으로 혼란스럽게 묘사했다. 19세기 그의 작품 연구자들은 이러한 색 표현에 당황한 나머지 그리스인들이 색맹이었던 게 아닌가 하는 추측까지 나올 정도였다.

몇 세기 후, 고대 그리스 철학자 엠페도클레스Empedocles는 흰색·검은색·빨간색·노란색을 4가지 컬러 범주로 사용하기 시작했다. 17세기 들어 빨강·노랑·파랑은 원색으로, 초록·주황·보라는 보색으로 분류되었다. 영국의 수학자 아이작 뉴턴은 유리 프리즘과 칸막이 판의 작은 구멍으로 어두운 방 벽에 반사된 무지갯빛을 관찰했다. 그 결과 백색광은 전체 색상 스펙트럼의 조합이며, 이것이 프리즘을 통과할 때 까다로운 각도로 구부러진다는 것을 발견했다. 가장 짧은 파장을 가진 보라가 가장 많이 휘고, 가장 긴 파장을 가진 빨강은 가장 적게 휜다. 중간쯤에서 휘는 색은 초록이다. 1672년 뉴턴은 이 색상 스펙트럼을 발표하면서 오렌지색을 최신 색상으로 소개하고 흰색과 검은색은 색상

스펙트럼에서 제외하였다.

이후 흰색과 검은색도 색상에 포함할 것인지를 두고 예술가들과 과학자들이 치열한 논의를 거쳤지만 결국 제외되었다. 흰색과 검은색 천을 얻으려면 표백과 염색의 복잡한 과정을 거쳐야 했기 때문이다.

고대 이집트 투탕카멘의 무덤에서 인디고 염색 의복과 꼭두서니로 염색된 붉은 벨트가 발견되었다. 전통적인 섬유 염료로는 빨강은 꼭두서니 뿌리에서, 파랑은 인디고나 대청 등에서 추출했다. 노랑은 목서초나 황목재를 이용해 염색했다. 동물성 염료는 무렉스 바다 달팽이의 분비선에서 보라색을, 곤충인 연지벌레와 코치닐을 으깨 빨간색 염료를 추출했다.

초기 염료 기술은 염색 식물이 담긴 용액에 직물을 넣어 색이 밸 때까지 두었다. 그러나 이 방법으로 염색된 직물은 빠르게 색이 변했다. 이를 보완하기 위해 직물에 직접 색이 입혀지도록 백반과 철 또는 구리의 금속 화합물이나 타닌이 풍부한 나무껍질의 매염제를 사용했다.

노란색과 갈색 염료는 여러 식물의 타닌에서 얻었다. 하지만 진하고 풍부한 색감의 빨강·초록·파랑과 짙은 검정을 얻으려면 훨씬 복잡한 과정이 필요했다. 염색업자들은 여러 연구와 실험을 통해 알칼리성과 산성을 활용한 다양하고도 풍부한 색감을 세상에 선보였다. 덕분에 염료 지식과 기술도 급속히 발전했다.

더 나아가 염색업자들은 직물 품질의 일관성을 보장하기 위한 길드를 설립했다.

중세에는 특정 계층만 특정 색깔의 옷을 입을 수 있는 사치규제법이 도입되었다. 1197년 사자왕 리처드는 가난한 사람들은 거칠고 칙칙한 색의 옷만 입도록 규정했다. 1483년에는 왕실 구성원들만 보라색 비단을 입을 수 있도록 개정했으며, 사치규제법은 옷차림으로 사회적 신분이 극명하게 드러났다. 가장 가난한 사람들은 어두운 갈색과 색이 빠진 초라한 푸른색이나 녹색을 입었고, 가장 부유한 귀족 계급은 밝고 선명한 붉은색 비단과 반짝이는 금색 옷을 입었다.

왕위 찬탈 경쟁에 시달렸던 튜더 왕조에 화려한 보석, 모피, 화사한 색상의 직물은 그들의 지배권을 알리는 강력한 도구였다. 헨리 8세와 프랑스의 프랑수아 1세는 자신의 힘을 과시하고자 '화려한 옷과 보석으로 치장하고 황금천 들판의 회담'이라는 역사상 가장 화려한 정상회담을 열었다. 10대 시절의 엘리자베스 공주 초상화에는 진주와 보석 장식뿐 아니라 당시 유행하던 진홍색 드레스를 입은 모습이다. 그녀는 훗날 여왕이 된 후에는 흰색과 검은색 옷을 입었다. 이 흑백색은 주로 빨간색 옷을 입었던 영국 궁정의 여성들 사이에서 더 극적인 힘과 효과를 발휘했다.

특정 색은 사회적 낙인으로 사용되기도 했다. 빨간색은 창녀와 처형당하는 죄수를, 노란색은 위조 범죄인이나 이단자와 유대인을, 녹색은 음악가와 광대를 의미했다. 전 세계 도시에서 흔히 볼 수 있는 사창가의 붉은 불빛, 제2차 세계대전 당시 나치에 의해 강제로 착용해야 했던 유대인의 노란 별 등 아픈 역사를 지닌 색과 관련된 고정관념은 오늘날에도 그 흔적을 남기고 있다.

1498년 바스코 다 가마가 인도로 가는 바닷길을 발견하면서 염색업자들은 브라질 목재, 샤프란, 강황, 인디고 같은 새로운 염료를 대량으로 수입했다. 그러나 합성염료 개발에 획기적인 발전을 이룬 것은 18세기였다. 1737년 프랑스 정부는 화학자를 염료 검사관으로 임명하여 연구를 지원했고, 염료 검사관인 클로드 루이 베르톨레Claude Louis Berthollet가 1789년 염소 표백제를 개발했다. 덕분에 햇빛 아래에서 잿물과 버터밀크를 사용하여 직물을 표백했던 작업 방식에 큰 변화가 생겼다.

19세기에 들어서면서 산업혁명에 힘입어 윌리엄 퍼킨William Perkin을 비롯한 화학자들은 새로운 합성 염료를 발견했다. 1869년에 꼭두서니 염료와 1878년에는 인디고를 활용한 염료법이 등장하면서 퍼킨이 개발한 보라색을 띤 합성염료 모베인 mauveine은 영국 전역에 보라색 물결을 일으킬 정도로 크게 유행했다. 하지만 독성이 심해 사람 목숨을 위협하는 부작용도 생겨났다. 그리고 퍼킨의 모베인이 발견된 그 해에 오늘날 사용하는 염료의 기초 유기 아조^{azo}가 발명되었다.

20세기 패션 산업이 본격적으로 태동하자 저렴한 염색을 위해 다양한 합성염료가 개발되었다. 《보그》, 《엘르》, 《마리 클레어》 등의 잡지에는 최신 패션이 소개되었다. 더불어 대중의 의류 접근성이 높아짐에 따라 '더 뉴 블랙'이든 '블랙'이든 소비자에게 가장 인기 있는 색상을 한눈에 파악할 수 있게 되었다. 보라색·갈색·오렌지색 등 각종 컬러가 유행의 순서를 기다리기라도 한 듯 흐름에 따라 큰 환영을 받았다.

이 책은 총 열 가지 색상(검은색, 보라색, 파란색, 녹색, 노란색, 주황색, 갈색, 빨간색, 분홍색, 흰색) 뒤에 숨겨진 상징성과 고대 이집트에서 중세, 르네상스와 빅토리아 시대를 거쳐 지난 세기의 대중문화에 이르기까지 의상과 의복에서 컬러가 지닌 중요성을 탐구한다. 디자인에 색을 입히는 게 아니라 색이 디자인을 창조하기도 한다. 사람들의 심리와 사회 변화에 예민하게 반응하는 게 색이다. 그러므로 독자들이 이 책을 읽으며 색이 주는 영감에 흠뻑 스며들기 바란다.

CR 런웨이 x 루이자 비아
로마 90주년 기념식에서
릭 오웬스의 옷을 입은 모
델(2019)

인적이 드문 뉴욕 맨해튼 5번가에 동이 트자 티파니 본점에 택시가 한 대가 멈췄다. 블랙 롱 이브닝 드레스와 선글라스, 커다란 진주 넥 초커로 꾸민 여성이 택시에서 내린다. 그녀는 손에 든 종이 포장에서 커피와 크루아상을 꺼내며 티파니 상점 안에 진열된 보석을 탐내듯 바라본다. 여성의 이름은 홀리 골라이틀리Holly Golightly. 영화 〈티파니에서 아침을〉의 주인공이다. 새벽부터 이토록 우아한 블랙 드레스 차림으로 등장하다니! 이 영화 덕분에 휴버트 드 기븐치Hubert de Givenchy가 디자인하고 오드리 헵번이 입은 스몰 블랙 드레스의 잉크 블랙 컬러는 세련미와 시크한 멋의 대명사로 자리 잡게 되었다.

반면, 블랙 롱드레스를 퇴폐적인 이미지로 연출한 영화도 있다. 〈라 돌체 비타〉의 주인공 아니타 에크버그Anita Ekberg는 로마의 나이트클럽에서 저녁 식사 후 트레비 분수 앞에서 춤을 춘다. 어깨끈도 없는 타이트한 그녀의 블랙 드레스는 금방이라도 흘러내릴 듯 위태위태하다.

BLACK

블랙은 많은 색 중 극단적인 성격을 지니고 있다. 모든 것을 어둠에 가둬버리는 암전과 상대를 돋보이게 하는 침묵이다. 어느 땐 감각적인 세련미로 어느 땐 답답한 지루함으로. 어떤 색이 이런 이중적인 모습으로 사랑받을 수 있을까?

패션에서 블랙은 새로운 해석과 의미를 부여하는 하나의 캔버스다. 1950년대 급진적인 보헤미안이라 불린 사람들은 하나같이 검은색 폴로 목티를 입고 미국의 반체제 문화의 성역인 그리니치 빌리지의 허름한 술집에 모여 비트를 즐겼다. 1990년대 이후 블랙은 누구나 쉽게 입을 수 있는 주요 패션 아이템이 됐다. 이러한 차림의 패션은 평범함을 추구한다는 뜻에서 '놈코어'라 불렸다.

시대를 초월하여 세련된 멋을 내는 블랙은 상복으로 입으면 슬픔과 상실을 나타낸다. 무솔리니의 블랙 셔츠는 파시스트적 위협을 나타내고, 미국의 흑인 무장 조직인 흑표당Black Panther의 블랙 베레모는 흑인 인권을 옹호하는 강력한 표상이 되었다. 1966년 흑표당 창당 시 바비 실Bobby Seale과 휴이 뉴턴Huey Newton은 블랙 베레모, 블랙 가죽 재킷을 남녀공용 도시 군복으로 선택했다. 이는 '사람들의 상상력을 사로잡기 좋은 비주얼'을 만들어냈다. 또한 아프리카계 미국인으로서의 힘과 자부심을 보여주는 흑표당의 개념을 더욱 강화시키는 역할을 했다. 제2차 세계대전 당시 체 게바라와 프랑스 레지스탕스들도 혁명 정신을 나타내기 위해 블랙 베레모를 썼다. 이처럼 블랙이 주는 강인한 이미지 때문에 정치적인 도구로 사용되는 예가 많았다.

블랙은 표현의 부재, 즉 표현의 자제를 상징하며 결과적으로 더 많은 것을 표현하기도 한다. 펑크 음악의 대부 말콤 맥라렌 Malcolm McLaren은 "블랙은 불필요한 장식에 대한 공개적 비난입니다. 허무주의, 지루함, 공허함을 상징하는 것이 바로 블랙이죠."라고 말했다. 이세이 미야케, 요우지 야마모토, 꼼데가르송의 레이 카와쿠보와 같은 1980년대 일본 디자이너들도 당대의 지나친 화려함에 반발하여 블랙을 선택했다. 야마모토는 2000년 9월 〈뉴욕 타임스〉의 수지 멘케즈Suzy Menkes 기자에게 다음과 같이 말했다.

"블랙은 겸손하면서도 거만한 색입니다. 블랙은 게으르기 쉬운 색이지만 신비롭기도 합니다. 블랙은 많은 것과 함께 어울리지만, 옷감에 따라 다양한 특색이나 취향을 나타내기도 하죠. 실루엣을 표현하려면 블랙이 필요합니다. 블랙은 빛을 삼키거나 사물이 날카로워 보이게 합니다. 그러나 무엇보다도 블랙은 이렇게 말합니다. '나는 너를 괴롭히지 않아. 너도 나를 괴롭히지 마!'"

색상으로서의 블랙

블랙은 물체가 가시적 파장을 삼켜 색 스펙트럼의 모든 빛을 흡수하고 나서야 비로소 우리 눈에 보인다. 그러므로 엄격하게 말하면 검은색은 존재하지 않는 색이다.

1665년 빛의 스펙트럼을 발견한 아이작 뉴턴은 컬러의 순서를 새로이 제시하며 흰색과 검은색을 제외시켰다. 그러나 20세기 모더니즘 예술가들이 블랙을 선호하면서 비로소 블랙에 '색'이라는 지위가 주어졌다. 1946년 파리 레프트 뱅크에 위치한 갤러리 마그Galerie Maeght는 '블랙은 색이 아니다'라는 레오나르도 다빈치의 주장을 옹호하는 예술 기득권에 맞서 '블랙은 색이다'라는 전시회를 열었다. 당시에는 인상주의 화가들의 풍경화에서조차 검은색을 볼 수 없었다. 폴 고갱은 "검은색과 거기에 흰색을 혼합해서 만든 회색을 거부합니다."라고 말했다. 드문 예외로 오귀스트 르누아르는 파리 여성의 어두운 옷차림에 음영을 주기 위해 검은색 물감을 사용하기도 했다.

블랙을 색상으로 인정할 수 있느냐는 여전히 논쟁의 대상이지만, 적어도 블랙이 가장 오래된 색소 중 하나라는 사실은 부정할 수 없다. 후기 구석기 시대에는 나무껍질, 조개껍데기를 불에 태운 후 나온 재를 이용해 블랙 컬러를 만들었다. 고대 이집트인들은 흙에서 나온 산화망간에 탄소를 섞어 검은색을 만들었으며, 검은색이 악으로부터 보호하는 마법적인 성질을 지녔다고 믿어 콜Kohl(일부 국가에서 여성들이 화장용으로 눈가에 바르는 검은 가루)로 눈가를 장식했다. 이때 가난한 이집트인들은 그을음을 사용한 반면, 부유층은 눈을 보호하기 위해 황화납의 일종인 갈레나galena를 구매했다. 그을음의 주성분인 검은 색소 램프블랙Lampblack은 선사 시대와 고대에 매우 흔하게 사용되었다. 이집트에서는 무덤의 벽을 칠하는 데 사용했고 고대 그리스에서는 도자기 그림에 사용되었다. 하지만 직물 염색에는 어려움이 많았다. 색이 고르지 않거나 칙칙하게 나와 중세 전까지 검은색 옷은 농민 계급의 색으로 인식되었다.

중세 초기 기독교는 엄격한 도덕규범을 내세워 지나치게 화려한 옷차림을 죄악으로 간주하며 소박한 검정 옷을 입는 사람을 의로운 사람으로 여겼다. 1346년 흑사병이 유럽 인구의 3분의 1을 전멸시키자 예술은 해골과 귀신같은 으스스한 공포 이미지로 당대의 희생과 고통을 표현했다. 흑사병을 '인간의 죄에 대한 신의 벌'이라고 여겼기에 보잘것없는 검은 천의 옷을 입음으로써 하느님께 참회했다.

그러는 한편 블랙은 유럽의 상인 계층에서 점차 인기를 끌기 시작했다. 중세에 의복을 규제하는 사치금지법이 등장했기 때문이다. 자주색과 붉은색, 금색 등 화려한 색상의 비단이나 고급 직물은 왕족과 귀족의 전유물이 되었다. 그리고 좋은 직물을 살 돈은 있지만 신분상 제한을 받아 베네치아 스칼렛(짙은 핑크

빛과 빨간색이 감도는 따뜻한 느낌의 색)처럼 화려한 색을 입을 수 없는 부유한 이탈리아 상인들은 검은색을 택했다. 블랙은 규제 대상이 아니었기에 가장 강한 색조를 선호했던 것이다. 그들이 입은 블랙 의복은 부유함과 급성장하는 사회적 지위를 나타내는 동시에 도덕적으로도 고결한 이미지를 부여했다. 그리하여 고품질의 검은 천은 매우 귀중한 블랙 모피를 가진 동물, 사블레 sable(흑담비)의 이름을 따라 '소벨린sobelins' 또는 '사벨린sabelins'으로 알려지게 된다.

스칼렛 실크 컬러가 15세기 이탈리아 초상화의 특징이라면, 16세기 르네상스 시대에는 부와 고상함을 나타내는 검은색이 주를 이뤘다. 이탈리아의 궁정 의상 전문가이자 작가인 발다사레 카스틸리오네Baldassare Castiglione는 검은색이 다른 어떤 색보다 옷 입는 것을 즐겁게 한다고 말했다. 르네상스 시대의 패션을 연구한 폴라 호티 에리히센Paula Hohti Erichsen이 1550년과 1650년 사이 베네치아, 피렌체, 시에나 지역에서 나온 유물을 조사한 결과 공예 장인의 의복 중 40% 이상이 블랙이었다.

그렇게 청교도와 칼뱅파 교도의 상징이었던 어두운 색이 유럽 왕실의 위신을 상징하는 색이 되었다. 스페인 국왕 펠리페 2세는 오스만 제국에 대항하고 가톨릭을 옹호하는 뜻을 나타내기 위해 블랙을 강하게 선호했다. 그가 다스리는 동안 스페인은 전 세계에서 가장 강력한 나라가 되었고 단순하고 꾸밈이 없는 블랙 취향은 영국의 튜더 왕실에까지 전파되었다.

헨리 8세의 첫 번째 부인 아라곤의 캐서린은 어두운색 벨벳과 실크로 된 스페인식 후프 페티코트를 입어 고향의 문화유산을 널리 알렸다. 검은색 게이블헤드드레스(머리 부분이 삼각형으로 되어 머리카락을 덮는 중세 드레스)를 통해 자신의 도덕적 경건함을 나타냈다. 아버지의 과도한 통치가 끝나자 메리 1세는 검은색의 수수한 옷차림을 선보였다.

루카스 데 헤레Lucas de Heere의 초상화에 담긴 메리는 금색 치마 위에 검은색 가운을 걸치고 왕좌에 앉아 있다. 펠리페는 검은색 더블릿(14~17세기에 남성들이 입던 짧고 꼭 끼는 상의)과 금색 반바지를 입고 그녀 옆에 서 있다. 그들의 의상은 웅장한 느낌을 주기도 하지만 검은색을 통해 도덕적 경건함과 종교적인 상징성을 표현했다.

청교도인에서부터 주술사에 이르기까지

17세기 유럽은 전쟁, 빈곤, 종교적 갈등이 극심했다. 1640년부터 1649년까지 영국은 올리버 크롬웰의 독재 통치하에 있었고, 그의 우울한 청교도주의는 영국인 삶의 모든 측면에서 영향을 끼쳤다. 그의 아내인 엘리자베스 부어치어Elizabeth Bourchier가 초상화 속에서 값비싼 염색 공정을 거친 블랙 벨벳 의상을 입고 있는 것에서 알 수 있듯이, 블랙은 당대에도 여전히 유행하는 색이었으며, 능력과 절제를 나타내는 색이기도 했다. 1537년 루터교 개혁가인 필립 멜랑톤Philip Melanchthon은 화려한 색의 옷은 원죄를 상기시키므로 '공작새 같은 옷차림'을 근절해야 한다고 했다.

어두운색과 단순한 디자인의 청교도 복장과 칼뱅주의 복장은 종교적 박해를 피해 영국을 떠난 순례자들에 의해 미국으로 전파되었다. 17세기 뉴잉글랜드의 청교도 식민지에서는 반드시 수수한 복장을 하도록 법률로 제정했다. 그중 메사추세츠 식민지(영국 국왕의 인허가를 받은 자치정부 의회)는 1634년 새롭고 화려한 패션, 현란한 액세서리, 금실이나 레이스로 짠 천으로 옷을 만들지 못하도록 금했다. 수수하고 어두운 색의 옷만 입도록 규제함으로써 복장에 대한 첫 번째 제한을 가한 것이다.

당대의 종교적 근본주의에 따라 여성들은 더욱 억압당했고 유럽과 유럽의 식민지였던 미국에서조차 마녀의 주술에 대한 두려움과 강박이 커져 갔다. 폭풍을 일으키고 악마를 끌어안은 괴상한 여성을 묘사한 그림이 15세기 인쇄 혁명을 타고 널리 퍼지자, 마녀의 존재에 대한 믿음은 더욱 증폭되었다. 마녀들은 어두운 밤에 숲이나 폐허에 모여 입고 있던 검은 옷을 벗고, 악마와 박쥐, 까마귀, 검은 고양이와 같은 검은색 동물을 소환하는 의식을 펼친다고 생각했다. 사악한 세력들이 의식을 치를 수 있도록 어둠(블랙)이 엄호하는 역할을 한다고 여긴 것이다.

고대 신화에서도 어둠의 공포는 검은색으로 표현된다. 밤을 상징하는 그리스 여신 닉스Nyx는 검은 옷을 입고 네 마리의 검은 말이 끄는 전차를 탄다. 닉스는 우리가 어둠의 공포로 간주하는 잠, 꿈, 번뇌, 비밀, 불화, 괴로움, 노년, 불행과 죽음을 낳는다. 제우스마저도 두려워할 정도로 강력했다. 950년경 비잔티움 제국 시대의 《파리 시편집Paris Psalter》 삽화에서 닉스는 검은 드레스를 입고 푸른색 띠를 두른 모습으로 묘사되었다.

1604년 제임스가 통치하던 브리튼 제도에서 마녀로 몰린 수천 명의 여성이 고문당한 후 산 채로 불태워졌다. 당시 《맥베스》를 집필하던 셰익스피어는 마녀에 대한 소문과 제임스 1세 내면에 깃든 두려움에 상당한 관심을 가졌다. 그리고 고대 운명의 '세 여신Three Fates'을 떠올렸다. 흰색 털실로 인간의 탄생과 인생을 엮으며 검은 털실로 생명을 거둬간 신화 속 인물들이다. 그는 세 여신과 비슷한 '세 마녀Three Weird Sisters'에게 독자들이 두려움과 매력을 느낄 것이라 확신했다.

이후 18세기 고딕 양식이 부흥하면서 검은 옷을 입은 마녀는 프란시스코 고야 같은 화가들의 작품에 자주 등장했다. 대니얼 가드너Daniel Gardner의 〈맥베스의 세 마녀〉에는 멜버른 자작부인 엘리자베스 램Elizabeth Lamb, 데번셔 공작부인 조지아나Georgiana, Duchess of Devonshire, 조각가인 앤 시모어 다머Anne Seymour Damer의 초상화가 그려져 있다. 그림 속 그녀들은 셰익

1969년 4월 뉴욕 카운티 형사법원에서 시위 중인 흑표당 당원들

존 사전트의 초상화 <마담 X>(1883-1884)

<티파니에서 아침을>(1961) 영화 홍보에서 블랙 지방시 드레스를 입은 오드리 헵번

스피어의 두꺼비와 뱀 대신 꽃을 가마솥에 던지는 착한 마녀로 묘사되었다. 특히 앤 시모어 다머는 마녀들의 전형적인 복장으로 여겨지는 끝이 뾰족한 검은 모자와 검은 드레스를 입고 있다.

1715년부터 시작된 계몽주의 물결이 유럽 전역의 침울한 바꿔놓기 시작하자 청교도인들의 검은색 옷도 밝고 빛나는 톤으로 바뀌기 시작했다. 여성들의 옷차림에도 레몬 옐로, 페일 핑크, 파우더 블루 등 화사한 색조가 등장했다. 그러나 1764년 영국 작가 월폴Horace Walpole의 고딕 소설《오트란토성》이 출간되자 자신을 아웃사이더로 여기던 사람들을 중심으로 검은 옷과 어두운 분위기가 새로이 유행을 타기 시작했다. 여기에 프랑스 혁명이 촉발한 사회적 근심마저 더해져 어두운 색조의 낭만주의 문학이 탄생한다.

19세기 초 바이런, 퍼시 비시 셸리, 존 키츠 같은 낭만파 시인들은 1970년대 말의 고스 족(히피나 펑크 문화처럼 기성세대에 저항하는 집단)이나 비트족beatniks과 같은 존재로 대중의 추앙을 받았다. 초상화 속 그들은 우울한 검은색 옷을 입고 머리에 손을 괴인 채 몸을 비스듬히 하고 있다. 마치 젊은 나이에 요절할 자신의 죽음을 예견하듯 괴로워하는 듯한 모습이다. 카스파르 다비드 프리드리히Caspar David Friedrich의 대표작인 〈안개 바다 위의 방랑자〉에서 검은 옷을 입고 홀로 서 있는 인물은 외로운 낭만파의 영웅을 상징한다. 그는 130년 후 자신을 따르게 될 비트 시인들과 같은 마음으로 숭고한 풍경을 감상하고 있었을 것이다.

당대 낭만파 시인 바이런, 셸리, 메리 울스턴크래프트 셸리 Mary Wollstonecraft Shelley와 존 폴리도리John Polidori는 1815년 제네바 호수에서 열린 유령 스토리 대회에 참가했다. 여기서 메리 셸리의 《프랑켄슈타인》과 바이런의 시에 근거한 폴리도리의 《뱀파이어》가 우승하며 근대 최초의 공포 이야기로 인정받는다. 뱀파이어의 캐릭터인 루스벤 경Lord Ruthven은 매혹적이다. 그래서일까. 위험한 유혹자로 검은 코트를 입은 모습은 브램 스토커Bram Stoker의 영화 〈드라큘라〉의 시초가 되었다. 스토커는 단 한 점의 다른 색은 찾아볼 수 없는 검은색 복장의 타락한 드라큘라를 묘사하면서 바이런을 떠올렸다고 한다.

빅토리아 시대의 상복

1765년 신성로마제국 황제 프란체스코 1세가 뇌졸중으로 갑작스럽게 사망하자 황후인 마리아 테레지아(마리 앙투아네트의 어머니)는 깊은 슬픔에 빠졌다. 합스부르크의 통치자였던 그녀는 긴 머리를 자르고 검은 벨벳으로 저택을 덮었으며, 모든 사교 행사에서 물러났다. 그리고 평생을 검은색 복장으로 황제의 죽음을 기렸다.

죽음을 기리기 위해 검은색 옷을 입는 관습은 고대 그리스와 로마로 거슬러 올라간다. 물론 유럽에서 왕족들이 애도를 위해 항상 검은색만 선택한 것은 아니었다. 중세 프랑스에서는 흰 상복도 입었다. 하지만 샤를 8세의 아내이자 루이 12세의 아내였던 안느 드 브리타니Anne of Brittany는 브르타뉴의 전통을 따라 흰색이 아닌 검은색의 상복을 입었는데 큰 인기를 끌었다. 무자비한 캐서린 드 메디치Catherine de' Medici는 1559년 남편 헨리 2세가 사망하자 검은 옷을 입은 것으로 유명하다. 이후 검은색으로 내면의 슬픔을 드러내는 상복 문화는 여러 계층으로 퍼져나갔다. 루이 16세와 마리 앙투아네트의 통치 시절까지 프랑스 왕족은 흰색으로 애도를 표했지만, 서민층에서는 저렴하고 관리도 쉬운 검은색이 주로 사용되었다.

1830년대 후반에 공식적인 장례식이 중상류층 사이에서 정착되었다. 그러나 1861년 대영제국 빅토리아 여왕은 남편 앨버트 대공이 사망하자 장례 절차의 형식을 강조하기 위해 엄격하고 복잡한 새로운 장례 절차를 공표했다. 이는 모든 국민에게 영향을 끼쳤지만 가장 엄격하게 사회적 규율을 적용받은 대상은 미망인들이었다. 아내는 남편이 죽은 후에도 몇 년 동안 상복을 입는 게 당연시되었다. 이후에도 기본적으로 검은색 옷에 흰색을 살짝 섞어 입거나 보라색이나 회색 옷 정도만 허용되는 '반애도'의 단계를 거쳐야 했다. 빅토리아 여왕을 비롯한 당시 노년층 여성들은 다른 색은 거부하고 평생 검은색만 입기도 하였다.

1855년 로버트 드발쿠르Robert DeValcourt의 《일러스트레이티

드 매너 북》에는 "검은색은 점점 유행되고 있다. 젊고, 피부가 희고, 통통한 여성의 얼굴을 가린 검은 베일 사이로 반짝이는 눈동자는 매우 유혹적이다."라고 서술되어 있다. 이 글의 영향으로 부유한 여성들은 검은색 호화로운 실크나 벨벳을 선택하고 여기에 목주름 장식, 스팽글 장식, 오프숄더 소매를 가미해 미적 감각을 드러냈다. 이렇게 세련된 드레스를 입은 미망인은 눈에 띄게 마련이다. 그래서 검은색 옷에서 벗어날 수 없다는 의미의 '덫에 또다시 물렸다'라는 풍자적 표현이 등장하기도 했다.

20세기 들어 검은 옷을 입고 슬픔에 잠긴 미망인 중 가장 기억에 남는 사람은 1963년 존 F. 케네디의 아내 재키 케네디일 것이다. 슬픈 표정과 눈물은 묵직한 검은 베일에 가려 거의 보이지 않았으나, 신중하게 선택한 블랙 지방시 정장은 그녀의 슬픔을 고스란히 담아냈다.

팜므파탈

검은 옷을 입은 여성은 주로 과부를 상징하지만 빅토리아 시대에 들어 블랙은 이브닝드레스의 컬러로 유행하기 시작했다.

19세기 후반 초상화의 대가인 존 사전트John Singer Sargent는 1884년 파리 살롱에서 보석 끈 장식의 가슴골이 깊이 파인 리틀 블랙 새틴 드레스를 입은 마담 피에르 고스로Madame Pierre Gautreau의 초상화를 공개했다. 그런데 초상화를 본 이들의 분노를 사게 되어 사전트는 그녀의 정체성을 보호하기 위해 그림의 제목을 '마담 X'로 바꾸었다. 여성이라는 성적 정체성에 대한 통제권이 자신에게 있음을 암시하는 듯 당당해 보이는 초상화 속 주인공의 포즈는 당시 사회의 전통적인 여성의 위치를 위협하는 것으로 간주되었던 것이다.

팜므파탈적 묘사를 통해 알 수 있듯이 블랙 드레스의 관능적인 힘은 필연적으로 그 옷을 입은 여성의 몰락으로 이어지기도 한다. 레오 톨스토이의 원작 소설 영화 〈안나 카레니나〉 속 안나는 검은 옷을 입고 상트페테르부르크의 무도회에 참석한다. 그녀의 아름다움과 자신감을 드러낼 색은 검은색밖에 없었다. 단순하고, 소박하고, 자연스럽고, 우아하면서도 쾌활하고 열정적인 그녀에게 블랙은 자유를 주고 도전을 불러일으킨다. 안나는 무도회에서 블랙 드레스를 입고 브론스키 백작과 춤을 춘다. 안나가 압도적인 관심과 숭배를 받는 순간이자 가장 행복한 순간이다. 이후 브론스키와의 불륜으로 이혼하고 아이와 이별하게 되면서 그녀는 간통녀로 낙인찍히고 슬픔과 절망에 빠진다.

안나처럼 도덕적으로 타락한 여성과 블랙 컬러를 연관 짓는 것은 다른 영화에서도 쉽게 찾아볼 수 있다. 할리우드는 악한 이미지의 캐릭터를 담기 위해 초창기부터 블랙을 사용했다. 영화 〈신Sin〉의 여주인공인 테다 바라Theda Bara는 검은 옷을 입은 뱀파이어에 영감을 얻어 긴 검은 머리와 끈이 없는 블랙 드레스를 선택하였다. 블랙 새틴을 입은 팜므파탈은 제2차 세계대전 말 누아르 장르에서 한때는 천사였으나 몰락한 존재로 등장한다. 여기에는 전쟁이 끝나고 집으로 돌아가게 된 남자들이 품은 의심이 반영되어 있었다. 혹시 아내나 연인이 독립적인 생활을 하면서 자신을 기다리지 않을지도 모른다는 불안에서 나온 의심이다. 영화 〈살인자들〉에서 에바 가드너가 입은 블랙 새틴 원피스는 남성들을 홀렸다. 그녀의 아름다움과 권력에 반한 남자들은 그녀를 위해 기꺼이 사기를 치고, 훔치고, 살인마저 감행한다.

1946년 영화 〈길다〉의 리타 헤이워드가 입은 옷은 사전트의 초상화 〈마담 X〉에서 영감을 받아 제작되었다. 그녀는 유명한 사운드트랙 〈Put the Blaim on Mame〉에 맞춰 스트립 댄스를 공연한다. '길다 같은 여자는 없었다'라는 영화 포스터의 소제목과 함께, 뒤로 젖힌 그녀의 빨간색 머리가 어깨에 내려앉은 모습은 도발적이다. 블랙 드레스는 그녀가 남편을 속이는 도덕적으로 가증스러운 여성임을 나타내지만, 사실 길다는 진실하고 선한 자기 의도를 숨기고 배드걸bad girl 이미지를 부각하기 위해 블랙 드레스를 입었다. 영화 의상 디자이너 장 루이Jean Louis는 "제가 디자인한 길다의 의상은 당시 영화 의상 디자인보다 더 대담하고 섹시하지만, 리타가 입은 모습은 전혀 저속하게 느껴지지 않았어요."라고 말했다.

알프레드 히치콕의 영화 〈사이코〉의 주인공 마리온 크레인 Marion Crane은 은행에서 돈을 훔친 후 흰색에서 검은색 속옷으로 바꿔 입는다. 19세기 순결의 상징은 흰색이었고 검은색은 죄악을 대표한다고 여겼다. 마리온의 검은 브래지어와 슬립은 그녀의 일탈을 나타낼 뿐만 아니라 그녀가 범죄를 저지르게 될 것을 암시한다. 결국 그녀는 베이츠 모텔Bates Motel로 들어가 샤워 중에 끔찍한 살인을 저지른다.

블랙은 영화 〈라스트 시덕션〉의 린다 피오렌티노Linda Fiorentino에서부터 〈언더 서스피션〉의 모니카 벨루치에 이르기까지 도덕성이 모호한 여성의 이미지를 나타내는 색으로 사용되었다. 〈언더 서스피션〉에서는 이탈리아 출신의 배우 모니카 벨루치가 속옷도 입지 않은 채 몸에 꼭 끼는 돌체 & 가바나의 블랙 드레스를 입고 관음적인 모습을 보이는 장면이 가장 먼저 등장한다. 〈펄프 픽션〉에서는 우마 서먼Uma Thurman이 블랙 재킷과 시가렛 팬츠를 입고, 매끈한 검은색 단발머리에 샤넬 루즈 누아르 네일로 치장한 모습이다. 이는 사무엘 잭슨Samuel L Jackson과 존 트라볼타John Travolta의 갱스터 의상을 여성적으로 표현한 것이다.

영화 〈블랙 스완〉은 악한 유혹의 이미지를 검은색으로 제대로 살렸다. 영화 의상 디자이너인 에이미 웨스트콧Amy Westcott은 주인공 니나Nina의 발레 의상에서 위축된 소녀스러움은 핑크와 화이트로, 마음이 뒤틀리고 괴로워하는 모습은 블랙과 그레이 컬러를 적용해 심경의 변화를 드러냈다. 검은 백조가 입은 검은 깃털과 검은 발레 스커트는 니나의 어두운 면을 온전히 감싸 안아, 그녀의 마지막 여정을 향해 가면서 정점에 다다른다.

리틀 블랙 드레스

1926년 패션 잡지《보그》는 코코 샤넬이 여러 겹의 진주 목걸이와 함께 착용한 블랙 드레스crêpe de Chine sheath dress를 포드 자동차와 맞먹는 혁신으로 소개한다. 이에 '더 샤넬 포드'로 소개하며 의상의 대량생산 가능성을 미국 포드사의 자동차에 비유하였다.《보그》는 샤넬의 블랙 드레스가 평상복 같은 존재가 되리라 예측하였으나, 신중한 태도를 유지하며 당시로서는 파격적인 짧은 드레스라는 뜻으로 '리틀Little'이라는 이름을 붙였다. 이로써 리틀 블랙 드레스를 전 세계에 소개한 코코 샤넬의 공로는 인정받게 되었다.

코코 샤넬이 심플한 검은색 옷을 선호하게 된 것은 어린 시절을 오바진 수도원Aubazine Abbey의 고아원에서 보냈는데 그때 영감을 받았기 때문이다. 그녀에게 검은색은 금욕과 수녀원에서의 생활, 여학생 교복, 수도원의 어둡고 구석진 곳을 상징했다. 그리고 샤넬은 1920년 무도회에서 폴 푸아레가 디자인한 보석처럼 화려한 컬러의 드레스가 그녀의 블랙 의상 디자인에 영감을 주었다며 "검은색이 주변의 모든 것을 닦아 낸다."라고 말했다.

샤넬이 종종 LBDLittle Black Dress의 창시자로 환영받지만, '리틀 블랙 드레스'가 최초로 언급된 것은 1902년으로 거슬러 올라간다. 영국의 작가 헨리 제임스Henry James의 소설《비둘기의 날개》에는 "그녀는 오늘 밤 밀리가 벗어 둔 리틀 블랙 드레스를 입고 있었을지도 모른다."라는 대사가 나온다.

샤넬은 이때 폴 푸아레의 화려한 옷에 대해 경멸적으로 언급했지만 이후 1910년대부터 자신 역시 블랙 옷을 선택하기 시작했으며 다른 디자이너들도 그 뒤를 따랐던 것이다.

1914년 전쟁 발발 후 많은 여성이 일을 하게 되자 어두운 색조의 옷은 더욱 실용적으로 다가왔다. 방사능을 연구한 마리 퀴리는 지인에게 "저는 매일 입는 옷 외에는 별다른 옷이 없습니다. 저에게 좋은 마음으로 옷을 주신다면 실험실에 갈 때 입을 수 있도록 어두운 색으로 부탁합니다."라고 말했다. 1927년 할리우드의 대표적인 의상 디자이너 트래비스 밴튼Travis Banton은 영화 〈잇It〉의 주인공 베티 루Betty Lou가 입은 리틀 블랙 드레스가 그녀의 어두운 면까지 감싸 안는다고 소개했다. 상점 직원인 베티 루는 리츠Ritz 호텔 데이트에 입고 나갈 옷을 고르지 못해 진땀을 뺀다. 그녀의 룸메이트는 단정한 옷이 아닌 블랙 색상의 대담한 칵테일 드레스를 권한다. 그 덕분에 베티 루의 블랙 드레스를 보려는 젊은 직장 여성들이 영화관으로 몰려들 었다.

블랙은 1950년대에 이르러 주요 디자이너들에게 우아함의 대 명사로 인식되었다. 크리스챤 디올은 1947년 2월 전쟁의 종식 을 축하하기 위해 허리 부분을 잘라내고 천을 두른 급진적인 뉴룩New Look을 선보이며 말했다.

"검은색 옷은 때와 장소를 가리지 않습니다. 나이를 막론하고 누구나 검은색 옷을 입을 수 있어요. 거의 아무 때나 입을 수 있 는 옷이죠. 여성들에게 리틀 블랙 드레스는 필수품입니다."

1952년 지방시는 이제 막 파리에서 아틀리에를 연 25세의 재 주 많은 패션 디자이너였다. 이듬해 아직 얼굴이 알려지지 않은 배우 오드리 헵번이 그의 숍을 찾았고, 지방시는 그녀의 다음 영 화 〈사브리나〉에 걸맞은 스타일을 위해 함께 영화 의상을 디 자인했다. 배의 옆면처럼 양쪽으로 길게 파인 바토 네크라인의 블랙 리틀 드레스가 바로 그것이었다. 영화 의상 디자이너인 에 디트 헤드Edith Head가 스크린 속 이미지에 맞게 약간의 변형을 가미했다.

사브리나 드레스가 유행하면서 지방시는 헵번과 관계가 매우 돈독해졌다. 이후 지방시는 영화 〈티파니에서 아침을〉에서 신 분 상승을 꿈꾸는 변덕스러운 홀리 골라이틀리 역을 맡은 오드 리 헵번을 위해 몇 벌의 블랙 드레스를 디자인했다. 트루먼 커

뉴욕 그리니치 빌리지의 가스라이트 카페 앞에 서 있는 비트족(1959)

휘트비에서 고딕 위켄드(영국 노스요크셔 휘트비에서 매년 봄, 가을에 두 번 열리는 음악 축제)를 즐기고 있는 뱀파이어 소사이어티 멤버들(1992)

뉴욕 앰배서더 호텔의 마릴린 먼로(1955)

포티Truman Capote의 원작 소설과 비슷하게 영화 의상 역시 저녁과 낮에 입을 다른 디자인의 블랙 드레스가 준비되었다. '슬림 쿨 블랙 드레스, 블랙 샌들, 진주 초커를 두른 옷차림에 검은 뿔테 안경이 그녀의 눈을 가렸다'라고 묘사된 것처럼 영화 의상도 원작에 매우 충실하게 디자인되었다. 홀리 골라이틀리는 헵번이 가장 사랑받은 역할이지만, 사실 원작자 커포티는 마릴린 먼로만이 그 역할에 적합하다고 주장했다.

블랙 의상을 입은 마릴린 먼로

1956년 2월 9일, 마릴린 먼로가 20세기 폭스20th Century Fox와 1954년 11월 말에 체결한 계약을 중단하고 할리우드에서 탈출하겠노라 선언한 플라자 호텔Plaza Hotel에는 150명의 기자가 몰려들었다.

그녀가 뉴욕에서 보낸 1년은 자기 발견의 시기였다. 먼로는 제작 회사를 설립했고 뉴욕의 액터스 스튜디오Actors Studio에서 연기를 배웠다. 먼로의 옷차림에도 변화가 생겼다. 그녀는 화려한 복장에서 벗어나 노먼 노렐Norman Norell의 심플한 블랙 슬립 드레스와 검은색 모직 코트, 폴로 넥을 즐겨 입으며 맨해튼의 라이프스타일에 흠뻑 빠져들었다. 몸매를 그대로 드러내는 블랙 슬립은 타이트한 옷을 즐겨 입는 그녀의 취향과 무척 잘 어울렸다. 우윳빛 피부, 윤기 나는 금발과 대조되어 시원하고 우아한

외모가 더욱 돋보이도록 했다.

노렐이 디자인한 가운을 입고 앰배서더 호텔 욕실에서 키득거리고 있는 은밀한 모습은 사진작가 에디 페잉거쉬Eddie Feingersh가 찍었다. 이후 마릴린 먼로는 노골적인 성적 매력의 상징으로 영원히 이름을 남겼고, 그녀의 맨해튼 룩은 1950년대의 원색적이면서도 초라하지 않은 스타일의 드레스를 유행시키는 선구적 존재가 되었다.

플라자 호텔의 기자회견은 먼로가 위대하고도 존경받는 로렌스 올리비에Laurence Olivier 감독의 영화 〈왕자와 무희〉의 출연과 제작에 참여할 예정임을 발표하는 자리였다. 기자회견 중 블랙 드레스의 얇은 어깨끈 한쪽이 끊어지면서, 그녀가 옷핀을 찾아 끈을 고정시키는 동안 사진기자들의 플래시 세례가 끊이질 않았다. 올리비에 감독 눈에는 이 우스꽝스러운 일로 영화 프로젝트가 서커스로 전락한 순간이었다. 다음 날 마릴린 먼로의 사진만이 신문의 헤드라인을 장식했다.

1962년 6월 말 《보그》는 사진작가 버트 스턴Bert Stern에게 먼로의 화보 촬영을 주선했다. 1962년 8월 4일 《보그》는 그녀가 사망했다는 소식을 보도하는 대신 스턴이 찍은 사진을 먼로의 유작으로 게재했다. 등 부분이 깊게 파인 긴 소매의 디올 원피스는 심플한 블랙 의상으로 영광스러운 빛을 발하는 여성으로서 먼로가 영원히 기억될 수 있도록 한몫을 했다.

반항자들의 색, 블랙

1971년 조니 캐시Johnny Cash가 싱글 곡 〈더 맨 인 블랙The Man in Black〉을 발표하자 대중은 왜 그가 밝은 색이 아닌 검은색 옷을 입게 되었는지 가사를 통해 알게 되었다. 그는 그 노래가 가난하고 패배한 사람들, 절망적이고 배고픈 사람들, 병들고 늙은 사람들을 위한 노래로, 베트남 전쟁에서 죽어간 '훌륭한 백여 명의 젊은이들'을 애도하는 곡이라 밝혔다.

공연 초기부터 블랙 무대 의상을 꾸준히 입은 덕분에 조니 캐시는 반항아와 아웃사이더로서의 자신의 이미지를 확고히 했다. 1953년 영화 〈더 와일드 원〉의 말론 브란도와 엘비스 프레슬리가 묘사한 것처럼 가죽 소재의 블랙 패션은 로커locker나 오토바이 운전자들이 입었을 때 위험해 보일 정도로 반항기를 뿜어낸다. 조니 캐시의 블랙 가죽 역시 그러한 그의 태도와 투지를 나타냈다.

1968년 폴섬 교도소Folsom Prison의 공연에서 캐시는 빨간색 안감이 드러나는 검은색 스리피스 재킷에 페이턴트 레더(유광의 에나멜가죽) 로퍼를 신었다. 비트 세대라 불리는 전후 세대의 이상주의 정신을 공유한 것이다. 그들은 보헤미안적인 존재가 되기 위해 소비를 거부하고 글쓰기, 재즈, 동양 철학으로 자신을 표현했다.

그들의 정신적 지주는 작가 잭 케루악Jack Kerouac과 앨런 긴즈

버그Allen Ginsberg였다. 비트 세대의 일원이 되려면 어느 정도 냉정함과 지적인 우월성을 품고 소비지상주의에는 관심이 없어야 한다. 1952년 11월 클렐런 홈즈Clellon Holmes는 〈뉴욕 타임스〉를 통해 비트 세대를 묘사하면서 '마음을 나체로 드러내고, 궁극적으로는 영혼을 나체 상태로 드러냄으로써 의식의 근저로 가라앉는 느낌'이라고 썼다.

주류 세대가 과도한 뉴룩 패션과 프레피 룩(미국 명문 사립학교 학생들의 단순하고 클래식한 옷차림)을 추구했다면, 비트 세대는 허무주의를 나타내는 검은색의 심플한 실루엣을 택했다. 1950년대 뉴욕 그리니치 빌리지의 비트걸들은 파리 실존주의자인 줄리엣 그레코Juliette Gréco를 따라 블랙 리어타드(무용수나 여자 체조 선수가 입는 것 같은 몸에 딱 붙는 타이츠)와 긴 생머리를 선호하여 미용실을 거부했다. 올 블랙 의상으로 유명한 그레코는 전쟁 후 파리에서 10대로 지내는 삶을 "한 벌의 드레스와 한 켤레의 신발이 전부라, 우리 집안 남자들은 그들의 낡은 검은색 코트와 바지를 내게 입히기 시작했다. 불행이 낳은 패션이다."라고 묘사했다.

하나같이 검은 폴로 넥 티셔츠, 시가렛 팬츠를 입고 선글라스를 낀 채 지하 커피숍에 모여 있던 당시 비트족의 모습은 영화 〈비트 세대〉나 〈비트 닉스〉에 잘 묘사되었다. 영화 〈퍼니 페이스〉에서는 연기 자욱한 파리의 한 비트닉 바를 방문한 오드리 헵번이 블랙 옷을 입고 춤을 춘다. 그녀의 블랙 의상과 댄스 동작은 파리 좌안의 실존주의자들과 그리니치 빌리지의 비트닉을 조롱하는 메시지였다.

청소년의 고스 하위문화Goth Subculture

1970년대 후반 처음 등장한 고스 하위문화는 짙은 아이라이너와 제트블랙 의상으로 암울했던 시대상을 완전히 포용했다. 어두운 시대상과 만연한 질병이 자연스럽게 청소년 문화에 영향을 끼친 것이다. 고스 패션은 반항적이면서도 과거에 대한 향수를 불러일으켰고, 19세기 고딕 문학, 흡혈귀 소설, 중세 및 빅토리아 시대의 의식과 관련된 언어를 전달했다. 또한 죽음으로부터 아름다움의 형태를 창조했고, 종교적 의식과 애도의 자리에서 검은색이 지니는 상징성을 통합하였다.

고스걸의 원형은 밴드 그룹 밴시Banshees의 리더이자 비비안 웨스트우드Vivienne Westwood와 킹스 로드에 있는 말콤 맥라렌의 펑크 숍 'SEX'의 단골이었던 수지 수Siouxsie Sioux였다. 이 숍은 다양한 검은색 페티시 웨어를 판매하며 환각 예술이라 불리는 사이키델릭 아트에 기반을 둔 새로운 펑크 록을 제안했다. 블랙 드레스를 가죽으로 변형하거나 일부러 옷을 찢어 핀으로 고정하는 스타일이다. 데비 해리Debbie Harry 같은 뉴 웨이브 유명 인사들이 즐겨 입었다. 수지와 그녀의 추종자들은 머리를 거꾸로

빗어 올려 부풀렸다. 얼굴은 하얗게 칠하고, 눈에는 잉크 블랙 아이라인을 그렸으며, 검은 그물망 스타킹과 가죽 미니스커트, 무릎 높이의 블랙 부츠를 신는 등 상당히 과한 패션을 즐겼다.

1982년 런던, '신성모독, 음란, 피Blasphemy, Lechery, and Blood'라는 모토로 문을 연 배트케이브 클럽Batcave Club은 과하게 블랙으로 치장한 고스족 숭배자들로 들끓기 시작했다. 고스 스타일은 빅토리아 시대의 코르셋과 베일이 달린 상복, 블랙 PVC(폴리염화비닐), 레이스가 달린 가죽, 그리고 무덤에서 방금 기어 나온 듯한 헝클어진 머리가 혼합된 복합적인 스타일이었다.

이 이색적인 패션은 1986년 미국의 가수이자 영화배우인 셰어Cher가 디자이너 밥 맥키Bob Mackie의 거미줄 드레스를 입고 아카데미 시상식에서 참여하고 나서야 비로소 대중에게 받아들여지기 시작했다. 더 나아가 팀 버튼Tim Burton 감독은 고딕 동화를 모티브로 영화 〈가위손〉의 조니 뎁과 〈비틀주스〉의 위노나 라이더를 멜랑콜리한 아이콘으로 등장시켰다. 이 둘은 화려한 세계에서 검은 의상으로 아웃사이더임을 표현하며 인간성에 취약하면서도 깊은 이해를 지닌 캐릭터로 묘사되었다.

인터넷의 등장은 1990년대 후반 고스 문화가 부흥하는 데 상당히 일조했다. 블랙 밀리터리 룩에 삭발 머리를 한 산업형 고스족이나 블랙에 데이글로(형광) 레이브 스타일이 혼합된 사이버 고스족 등 새로운 문화가 생겨났다. 1990년대 후반 안젤리나

졸리는 문신, 나이프knife 수집, 남편의 피를 담은 병을 목에 걸며 반항아의 이미지로 자리매김했다. 2000년 아카데미 시상식에 긴 검은 머리를 풀고 베르사체의 블랙 드레스를 입고 등장한 졸리는 모티샤 애덤스Morticia Adams의 모습을 연상케 했다.

이후 고스 하위문화는 알렉산더 맥퀸 같은 패션 디자이너에게 받아들여졌고, 고스 스타일의 에로틱한 섬뜩함은 오랫동안 디자이너들의 관심을 끌었다. 1938년 엘사 시아파렐리Elsa Schiaparelli는 살바도르 달리Salvador Dalí와 팀을 이루어 사람 몸의 뼈 윤곽이 자수로 장식된 검은 레이온 디너 드레스(해골 드레스)를 제작했다. 이는 1938년 시아파렐리의 서커스 컬렉션Circus collection에 전시되었다.

맥퀸은 2007년 가을/겨울 패션쇼 의상에 블랙 컬러를 사용했다. 미국의 세일럼 마녀 재판을 언급하며 음산하면서 로맨틱하고 박해받는 이미지를 디자인에 투영했다. 긴 영어 단어로 환상적이라는 뜻을 나타내는 'supercalifragilisticexpialidocious'라는 제목의 2002/2003년 가을/겨울 컬렉션에서 크게 부풀어 오른 블랙 낙하산 스타일의 망토를 선보이며 고딕 동화를 소재로 한 신비로운 창작물을 소개했다.

패션 디자이너 릭 오웬스Rick Owens는 캘리포니아에서 고스족으로 살았던 자신의 10대 시절에서 작품의 영감을 얻었다. 그는 "옷을 질질 끌고 다니는 사람들, 모자가 달린 긴 가운 같은 옷차림을 하고 영적인 것과 관련된 일을 하는 사람들이 있는 곳, 제가 하는 모든 일도 바로 거기에서 비롯됩니다."라고 말했다. 그런 그가 스포츠웨어와 고딕 미학을 융합한 괴기스러운 수집품을 기반으로 '스트리트 고스street goth' 개념을 탄생시켰다. 그 영향은 텀블러Tumblr에 처음 등장한 '헬스 고스health goth'라는 단어로 이어졌고, 2014년경 구글에 가장 많이 등장하는 문화 중 하나가 되었다. 인스타그램의 #healthgoth 해시태그 또한 더 넓은 문화로 발전하여 아디다스와 나이키와 같은 브랜드가 자사의 스포츠웨어에 블랙을 도입하도록 영감을 주었다.

다이애나 왕세자비는 1994년 6월 찰스 왕세자의 결혼에 관한 다큐멘터리가 방영되던 날, 크리스티나 스탬볼리언Christina Stambolian이 디자인한 어깨가 드러난 블랙 드레스를 입었다. '복수'로 이름 붙여진 이 드레스를 보면 누군가의 정체성을 정의하기에 얼마나 완벽하게 빈 캔버스인지를 잘 나타난다. 2008년 영국의 디자이너 잔드라 로즈Zandra Rhodes는 "블랙 드레스는 최고의 표현을 가능케 하는 하나의 작품입니다."라고 말했다.

영화 <아이 엠 러브>(2009)에서
라프 시몬스의 보라색 원피스를
입은 틸다 스윈튼

2016년 4월 팝스타 프린스Prince가 갑작스럽게 사망했다. 충격을 받은 팬들은 그의 시그니처 컬러인 보라색 옷을 입고 로스앤젤레스 시내에 모여들었다. 팬들은 그의 음악에 맞춰 춤을 추고 노래를 부르며 프린스의 삶을 기렸다. 〈로스앤젤레스 타임스〉의 인터뷰에서 열여덟 살 때부터 프린스의 팬이라고 밝힌 길버트 아라곤Gilbert Aragon은 보라색 모피 조끼와 가죽 장갑을 착용하고 "이는 우리가 그를 위해 할 수 있는 가장 위대한 일입니다."라고 말했다.

싱어송라이터이기도 한 프린스는 〈라스베리 베레Raspberry Beret〉와 〈리틀 레드 콜벳Little Red Corvette〉 같은 다른 색도 노래했지만, 그와 영원한 인연이 있는 대표곡은 〈퍼플 레인Purple Rain〉이다. 그는 라일락 색상의 연기가 피어오르는 곳에서 보라색 정장을 입고, 맞춤 제작된 보라색 기타와 보라색 피아노를 연주했다. 보라색이 무대 위에서 자신의 존재감을 찾게 해준다고 느꼈고, 음악가로 활동하는 내내 보라색을 입었다.

프린스의 이복 여동생 샤론 넬슨Sharon Nelson은 "오빠는 무지개 색을 좋아했지만, 특히 왕족을 나타내는 보라색을 가장 좋아했어요. 보라색을 입으면 자신이 팝의 왕자가 된 것처럼 느껴진다고 했죠."라고 말했다.

PURPLE

세계 어느 곳이나 판타지와 환상의 공간은 보라색으로 채워진다. 그만큼 모호하면서 상상력을 불러일으키는 색이다. 여러 톤의 보랏빛이 출렁이는 장소에 있으면 절로 모험이 시작된다. 자신도 모르는 사이 새로운 세계로 인도될 것이다.

고대부터 보라색은 가장 힘 있는 사람들만이 가질 수 있는 색이었다. '황실' 또는 '왕실' 보라색으로 명명된 옷들은 부와 권력을 상징했으며 황제, 왕족, 교회의 수장만이 입을 수 있었다. 로마의 네로 황제는 보라색 예복을 너무나 아끼고 소중히 여긴 나머지 보라색 옷을 입은 시민을 추방하거나 죽이기까지 했다.

보라의 진귀함은 그 희귀성 때문이다. 보라의 염료는 페니키아 고대 문명에서 유래했으며, 뿔고동murex snails으로 불리는 달팽이의 하부 기관지 선에서만 추출되었다. 광택이 도는 풍부한 색감의 보라 염료는 만드는 과정 자체가 믿기 힘들 정도로 시간도 오래 걸리고 복잡하며, 매우 비밀스럽다. 그러기에 가격이 비쌀 수밖에 없었다.

1856년 영국의 화학자 윌리엄 퍼킨William Perkin이 '모베인mauveine'이라 이름 붙인 인공 보라색을 발명한 덕분에 눈부시게 빛나는 보라 염색이 가능해졌다. 모브mauve(회색과 파란색이 감도는 보라 계열의 색)와 청색을 띠는 바이올렛, 라일락, 자두, 후

크시아fuchsia(보랏빛이 섞인 선홍색), 오베르진aubergine(가지 색상의 짙은 보라), 와인, 라벤더, 마젠타magenta(붉은 자주색), 페리윙클periwinkle(약간 짙은 빛의 연보라색), 아마란스amaranth(연 자주에 가까운 보라), 헬리오트로프heliotrope(연보랏빛 보라) 등 꽃, 과일, 채소에서 이름을 딴 매우 다양한 색감의 보라가 나오기 시작했다.

블루베리와 블랙베리, 가지의 껍질 등 자연에서는 쉽게 보라색을 볼 수 있다. 가시광선 스펙트럼에서 가장 짧은 파장을 지닌 '바이올렛'은 우리가 가장 마지막으로 보는 파장이다. 따라서 보라는 영적인 감각을 부여하는 저 높은 영역의 것으로 여기기도 한다. 이 때문에 아르누보art nouveau 운동, 라파엘 전파 예술가 이념Pre-Raphaelites 및 히피 하위문화 등 대안적 이념과 복장을 받아들인 여러 문화 운동에서도 보라가 사용되었다.

앨리스 워커Alice Walker의 소설 《컬러 퍼플》의 서문에는 "보라색은 항상 놀라움을 선사하지만 어디에서나 볼 수 있다."라고 쓰여 있다. 보라색은 소설의 주인공 셀리Celie가 가장 좋아하는 색으로 상징되다가 후반에는 자신을 학대하는 남편에게서 벗어나기 위한 힘을 나타냈다.

보라색은 사람에 따라 호불호가 갈리는 색이다. 회색과 파란색이 감도는 모브는 특히 빅토리아 시대의 과부를 떠올리게 하는 색이다. 디자이너 닐 '버니' 로저Neil 'Bunny' Roger는 보랏빛이 많이 감퇴된 독특한 모브색을 보고 '폐경성 모브'라고까지 칭했다.

O. J. 심슨 형사 살인 사건 재판 당시 피고 측 변호사였던 조니 코크란Johnnie Cochran은 페리윙클이라 해야 할지 그레이 블루라 해야 할지 모를 묘한 색상의 더블 단추 정장을 입고 있었다. 당시 그는 자신의 양복색에 대한 질문에 이렇게 말했다.

"모브색이라고만 하지 마세요."

이 에피소드는 "나는 내가 옷을 입는 방식에 큰 자부심을 갖고 있다."라고 성찰한 그의 자서전《A Lawyer's Life》의 내용과는 사뭇 대조적이었다. 그는 뉴욕에서 변호사로 일하던 시절, 기자의 "이 모브색 컬러는 어떻게 입게 되셨나요?"라는 질문에 코크란은 무심한 듯 이렇게 말했다.

"마침 오늘 날씨가 모브색 같아서요!"

왕족에게 어울리는 보라색

클레오파트라의 왕실 바지선이 항구로 들어오자 해안선에 있던 사람들이 가장 먼저 알아차린 것은 값비싼 바다 달팽이 분비물로 염색되어, 특유의 강하고 자극적인 냄새를 감추기 위해 향료가 뿌려진 보라색 돛이었다. 이집트 여왕은 보라색이 그녀의 영광스러운 이미지를 배가해주리라 확신했다. 궁전을 장식한 보라색 커튼과 바지선의 보라색 돛이 그녀의 시대가 도래했음을 알리며 즉각적인 효과를 내기 시작한다.《안토니우스와 클레오파트라》에서 윌리엄 셰익스피어는 다음과 같이 묘사했다.

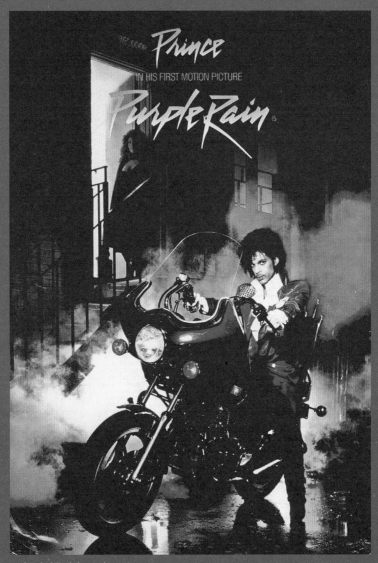
프린스의 퍼플 레인 포스터(1984)

"그녀가 앉은 바지선, 매끈한 왕좌처럼/ 물 위에 올라선, 선미 루는 금빛으로 온통 물들어 있네/ 돛은 보라색으로 물들었고/ 바람은 그들과 사랑에 젖었다."

고대 세계에서 왕족의 전유물이었던 가장 중요한 염료인 보라색은 연체동물(주로 바다 달팽이)에서 추출되었다. 기원전 1500년경 보라색 염료의 무역 중심지는 고대 페니키아 도시인 티레 Tyre였다. 보라색 직물이 지중해를 가로질러 거래되면서 마르마라 해Marmara Sea에서 소아시아 및 그리스 주변 해안선을 따라 페니키아 염색 공장들이 자리 잡기 시작했다. 스페인과 서아프리카에서도 고동 조개껍데기 더미 속에서 염색 공장이 존재했던 흔적이 발견되었다.

티리안 퍼플Tyrian purple은 여러 종의 바다 달팽이에서 채취되었는데, 블루에서 레드 빛이 감도는 다양한 색조의 퍼플을 생산했다. 한 페니키아 전설에서는 이 귀중한 염료의 기원을 다음과 같이 설명했다.

"티레의 수호자인 멜카르트Melqart 신이 정부와 함께 해변을 산책하던 중 그의 애완견이 달팽이를 물 밖으로 낚아채서 씹기 시작하자 애완견의 입이 보라색으로 변했다. 이것을 본 멜카르트 신은 그의 정부를 위해 달팽이 염료로 만든 보라색 옷을 생각해냈고, 이 염료의 탄생을 축복함으로써 티레 지역이 큰 부를 누렸다."

달팽이 어획은 가을과 겨울에만 가능했다. 더구나 분비선에서 분비물이 추출될 때까지 달팽이가 살아있어야만 가장 진한 보라색을 얻을 수 있다. 추출된 액체는 맑은 색을 띠지만 산소와 접촉하면 짙은 보라색으로 변한다. 분비물에서 얻은 액체와 잘게 부순 조갯가루를 소금에 절여 3일간 나무 재와 소변으로 발효시킨 뒤 금속 통에 넣어 10일간 끓이면 보라색이 탄생한다.

티리아 보라 1g을 만들기 위해선 최대 12,000마리의 달팽이가 필요하다. 그러나 채취 과정에서 버려지는 방대한 달팽이 살점이 햇빛에 방치되어 역한 냄새를 피워낸다. 따라서 티레의 염료 공장은 썩은 어패류와 소변의 악취로부터 주민을 보호하기 위해 성벽 밖에 위치했다. 로마의 정치가 플리니우스Pliny가 '공격적'이라고 묘사한 냄새가 났지만 티리아 보라색은 페니키아인들에 의해 고대부터 세계 전역에서 거래되었는데, 기원전 4세기까지 금보다 더 가치 있는 상품으로 여겨졌다. 치안관이나 일부 엘리트 시민은 화이트 토가(고대 로마 시민이 입던 헐렁한 겉옷) 가장자리에 넓은 보라색 띠를 둘러 치장했다. 승리한 장군들은 인상적인 티리아 보라색 천에 금색 자수가 놓인 토가 픽타(적자색 천에 금실 자수가 놓인 토가)를 수여받았다.

로마가 제국을 확장하고 지중해 항구를 장악함에 따라 염료는 훨씬 더 중요해졌다. 기원전 48년 이집트를 방문한 율리우스카이사르는 로열 퍼플 컬러로 왕실 바지선과 궁전을 장식한 클레오파트라의 강렬한 이미지에 매우 감명을 받았다. 이에 그 역시 자신의 권력을 상징하는 색으로 보라색을 선택하고 전쟁에서 승리한 장군에게 보라색 토가를 허용하는 로마 제국의 규칙을 도입했다.

기원전 300년경 로마 제국이 멸망하면서 티리아 보라를 생산하는 공장은 비잔티움 제국의 수도인 콘스탄티노플로 옮겨졌다. 그곳에서도 보라는 왕실 색상의 지위를 유지했다. 티리아 보라는 왕족을 상징하는 색이었기에 황후들은 티리아 보랏빛 천으로 덮인 방에서 출산했다. 따라서 왕족의 아기들은 태어나자마자 가장 먼저 보라색을 보게 되었다.

그러나 1453년 투르크에 점령당하고 비잔티움 제국이 붕괴되자 콘스탄티노플의 티리아 보라 제작 기법도 자취를 감추게 된다. 하지만 고대 페루와 멕시코의 아즈텍 문명에서도 바다 달팽이가 보라색 염료로 사용됐다는 증거가 발견되었으며, 고고학자들은 콘월Cornwall 해안과 아일랜드에서 발견된 작은 조개류가 당시 교회 고위층의 옷을 염색하는 데 사용되었다고 본다. 그러나 티리아 보라 염색 기법의 비밀이 사라진 후 새로운 식물 기반 염료법이 등장했다.

자연에는 보랏빛 식물이 풍부하지만 정작 식물에서 보라 염료를 얻기란 쉽지 않다. 보라색을 만드는 가장 간단한 방법은 빨간 염료를 가진 식물 꼭두서니나 브라질 소방목을 이용해 천을 붉게 물들인 후 파란색 염색 식물인 파란 대청 또는 짙은 남색의 인디고가 담긴 통에 담그는 것이다. 일본에서는 기원후 800년경부터 보라색이 추출되는 나무뿌리에서 이름을 따온 무라사키murasaki를 이용해 기모노를 염색했다. 하지만 이 역시 왕족만을 위한 것이었다.

월귤나무로 보라 염료를 만들기도 했다. 하지만 가장 흔하고 중요한 보라 염료의 원천은 남아메리카와 서인도 제도 일부에서 자란 콩과의 작은 교목 로그우드logwood였다. 매염제와 결합된 로그우드는 검은색에서부터 보라색까지 강렬한 색을 만들어 냈다. 또한 남유럽의 가파른 암석 표면에서 채취하는 오칠orchil이라는 이끼에서도 추출되었다. 고대 그리스와 로마인들이 사용한 방법인데 14세기에 이르러 이끼를 소변에 담가 두는 방식으로 청색과 보라색을 만들던 피렌체인들도 사용했다. 이 보라 염료는 광택이 없어 르네상스 시대에 와서는 그 독점성을 잃게 되었다.

헨리 8세는 1510년에 오직 왕만이 보라색 옷을 입을 수 있고, 그 외에는 국왕의 동의가 있어야만 입을 수 있다고 규정하는 '사치금지법'을 도입했다. 메리 1세는 여왕 즉위식에서 보라색 벨벳 가운을 입고 등장해 영국 역사상 첫 여왕 통치자로서의 입지를 강화했다. 그녀의 여동생인 엘리자베스 1세 역시 보라색에 매료되었다. 그녀는 1559년 대관식 연회에서 보라색 드레스를 입었고, 1603년 자신이 죽으면 관을 보라색 벨벳으로 덮도록 규정했다.

17세기 사치금지법이 폐지되고 나서야 유럽 전역에서 모든 시민이 자유롭게 보라색을 착용할 수 있었다. 18세기 계몽주의가 도래하자 짙은 보라색은 가볍고 밝은색에 대비하여 너무 무겁고 어둡게 여겨졌다. 그러나 빅토리아 시대에 정교하고 섬세한 드레스가 등장하면서 더욱 창의적인 색으로 환영받게 되었다. 이때부터 보라색이 본격적으로 번성하기 시작했다.

모베인에서 바이올렛으로

1856년 윌리엄 퍼킨의 연구 덕분에 훗날 영국 공공장소에는 역사적으로 유명한 인물, 사건 또는 건물과의 연계성을 기리는 파란 명판을 얻게 되었다.

퍼킨은 열다섯 살에 왕립화학대학에 입학해 유명한 독일 화학자 아우구스트 빌헬름 폰 호프만August Wilhelm von Hofmann의 조교로 일했다. 당시 영국은 가스를 이용해 도시를 밝히고 공장과 가정에 동력을 제공했다. 하지만 생산 과정에서 엄청난 양의 위험한 유황이 발생하기에 과학자들은 이 잔여물을 소진할 방법을 찾아 고군분투했다. 1820년대 글래스고의 찰스 매킨토시 Charles Macintosh는 콜타르를 사용한 방수 천을 개발하여 그의 이름을 딴 우비를 출시했다. 호프만은 타르의 분자를 조정하여 말라리아 치료제로 알려진 키니네(남미산 기나나무 껍질에서 얻는 약물)를 합성할 가능성을 발견했다.

열여덟 살의 퍼킨은 키니네를 추출하기 위해 집에서 실험하고 있었다. 콜타르가 담긴 유리 비커에 수소와 산소를 첨가하자 안타깝게도 검은 진흙으로 변했다. 변성알코올로 비커를 닦자 '이상하게 아름다운 색'이 나왔다. 그는 자신이 티리아 보라색을 만들었다는 것을 깨달았다. 오랫동안 햇빛에 노출되어도 색이 변하지 않는 아름다운 화합물이었다.

1856년 8월 퍼킨은 특허를 냈다. 그리고 합성염료를 상업적으로 제조하고자 그간의 연구 생활을 단념하고, 1857년 런던 북서부에 공장을 지어 의욕적으로 출발했다. 그러나 프랑스 특허 확보에는 실패했다. 이미 프랑스에서는 매우 유사한 염료가 생산되고 있었다. 파리 패션 잡지에서 핑크-퍼플 색조를 띤 당아욱 꽃에서 이름을 따온 '모브mauve'라는 새로운 색을 기념했다. 나폴레옹 3세의 아내인 유제니 황후는 모브가 자신의 눈 색깔과 매우 어울린다고 생각했다. 빅토리아 여왕은 1858년 프로이센의 왕자인 프레데릭 윌리엄과 장녀 빅토리아의 결혼식에 모브색 벨벳 가운을 입고 등장했다.

프랑스 패션에서 보라색 인기를 실감한 퍼킨은 '모브'와 '아닐린ani-line'을 결합하여 합성염료를 생산해냈고, 그 색상을 '모베인mauveine'으로 이름 지었다. 대량 생산에 힘입어 모베인 수요가 많아지자 그는 엄청난 부자가 되었다. 1859년 찰스 디킨스는 문학잡지 《All Year Round》에 이렇게 썼다.

"창밖을 내다보니 퍼킨의 보라색이 절정에 달하는 것 같았다. 마차에 탄 사람들이 보라색 손을 흔들었고, 길가에서도 보라색 손이 서로 악수하고 있다. 보라색 손이 거리의 반대편에서 서로를 위협하고 마차, 택시, 증기선, 철도역 등 어딜 가나 보라색 옷 천지다. 많은 기선이 기차역을 가득 메우고 있다. 보라색 낙원의 새들처럼 전국에서 보라색이 넘실거린다."

같은 해 8월, 풍자 잡지 《펀치Punch》는 〈모브 홍역Mauve Measles〉이라는 그림으로 당시의 보라색 열병을 나타냈다. 여기에 "모브 컬러의 반점은 이내 온몸으로 퍼져나가며, 어떤 경우에는 고통받는 사람을 완전히 뒤덮을 때까지 멈추지 않는다."라고 실었다.

퍼킨의 모베인 발견은 다양한 합성염료에 영감을 주었다. 그 인기는 스커트의 풍만한 모양을 만들어주는 새장 형태 구조물인 크리놀린crinoline에 의해 더욱 강화되었다. 크리놀린에 맞는 스커트를 만들려면 천이 몇 야드나 필요했다. 그리고 그 천은 패셔너블한 컬러를 제대로 보여주는 완벽한 캔버스가 되었다. 디자이너 찰스 워스Charles Worth가 이러한 유행을 '보랏빛 천국의 새들'이라고 표현할 정도로 당대 여성들의 변신은 놀라웠다.

프랑스의 화학자 프랑수아 베르구아누François-Emmanuel Verguin는 아닐린과 염화주석을 섞어 선명한 붉은 보라색을 만들었다. 이 색의 이름은 꽃이 피는 관목 후크시아fuchsia에서 가져와 '푹신fuchsine'이라고 불렸지만, 영국에서는 제2차 이탈리아 독립전쟁의 전투 장소인 '솔페리노Solferino'와 '마젠타magenta'로 알려졌다.

퍼킨이 발견한 아닐린의 열기로 인디고과 주황의 수요가 수십 년 동안 감소하면서 천연염료 산업에도 부정적인 영향을 끼쳤다. 하지만 기적적으로 등장한 이 새로운 염료에서 위험한 수준의 비소가 발견되었다. 특히 푹신은 질산수은을 혼합하여 마젠타색을 만드는 과정에서 노동자들이 수은에 중독되어 생산을 중단할 수밖에 없었다. 1860년대 푹신과 아닐린 바이올렛색을 생산하던 스위스 바젤의 한 염료 공장은 노동자를 비소 중독에 걸리게 한 혐의로 벌금형을 선고받고 문을 닫았다.

1870년대 초반 모브 컬러는 젊은 세대에서 인기를 잃어갔다. 그리고 1863년 알렉산드라Alexandra 공주가 우아한 모브색 세미상복을 입은 후부터 일상복보다 상복으로 착용되기 시작했다. 《잉글리시 우먼 도메스틱 매거진Englishwoman's Domestic Magazine》의 한 독자는 패션 전문가에게 편지를 보내 나이 든 친척이 준 구식 스타일의 밝은 연보라 드레스를 어떻게 해야 할지 물었다. 이 매거진의 패션 전문가는 '밝은 톤 모브는 확실히 구식이지만 하우스 드레스로 입는 것은 가능하며 블랙 밀리터리 브레이드 military braid 장식을 곁들이면 화려함을 상당 부분 톤다운시킬 수 있을 것'이라고 조언했다.

미국의 1890년대 작가 토마스 비어Thomas Beer는 부와 물질이 넘쳐날 정도로 '행복한 90년대'를 '모브의 10년'으로 묘사했다. 하지만 보라색을 특정 유형의 나이 든 여성과 연결한 작가는 오스카 와일드였다. 그는 《도리언 그레이의 초상》에서 젊어 보이려고 지나치게 노력하는 나이 든 여성과 모브를 연관시켰다.

"보통 여성들은 항상 자신을 위로하려 하는데 그중 몇몇은 지나치게 감상적인 색채를 취한다. 나이에 맞지 않게 모브색을 착용하는 여성이나 분홍색 리본을 좋아하는 35세 이상의 여성은 절대 믿지 마라. 그것은 그들에게 어떠한 과거가 있었다는 의미니까!"

그래서인지 오스카 와일드의 연극 〈이상적인 남편〉에서는 주목받는 대상이자 팜므파탈 쉐블리Cheveley 부인은 '헬리오트로프' 꽃 색깔로 묘사된 밝은 보라색 드레스를 입고 있다. 이런 인식 때문에 빅토리아 시대 후기 영국에서 보라색은 올드 패션으로 자리 잡게 되었다.

1860년대부터 상복으로 개조된 보라색 드레스는 나이 든 과부들이 많이 입고 다녔다. 텔레비전 시리즈 〈다운튼 애비 Downton Abbey〉에서 나이 든 미망인 바이올렛 크롤리Violet

Crawley는 알렉산드라 여왕 스타일의 모브색 드레스를 입고 타이타닉에서 세상을 떠난 친척들을 애도했다. 모브가 나이 든 여성을 위한 색이라는 메시지를 전달한 것이다.

모브는 1950년대 들어서도 여전히 왕실의 애도를 나타내는 색으로 사용됐다. 1952년 조지 6세 국왕이 사망하자 시민들은 웨스트 엔드West End 창문에 모브색 속옷을 걸어 애도를 표하기도 했다.

아르누보art nouveau에서 아르데코art deco에 이르기까지

보라색은 19세기 후반에 잠잠해지다가 에드워드 시대에 들어 옅은 바이올렛, 라벤더, 라일락색으로 다시 유행하기 시작했다. 인상파 화가들은 '앙 플랭 에르en plein air(태양광 아래 자연을 묘사하는 그림)'를 그리면서 찬사가 절로 나오는 햇빛의 강렬한 노란색 사이 그림자와 구름에 가려진 보라 색조를 찾아냈다. 연보랏빛의 밝은 색조는 산업화로 검게 물든 도시에 신선함을 제공했다.

아르누보와 아트앤드크래프트운동Arts and Crafts movements의 미학이 낳은 보라색은 예술 활동에 적지 않은 영향을 주었다. 영국의 삽화가인 오브리 비어즐리Aubrey Beardsley의 포스터와 공예가이자 건축가 윌리엄 모리스William Morris의 벽지에 그려진 소용돌이치는 패턴 무늬도 보라색이었다. 의류 제작사인 리버

티 앤 코Liberty & Co가 선보인 섬세하고 옅은 하이넥 레이스 블라우스와 함께 착용하는 벨벳 가운과 재킷도 보라색이었다.

1908년 보라는 영국의 여성 참정권 운동을 대표하는 색으로도 사용되었다. 당시 참정권 운동 신문 〈Votes for Women〉의 편집자인 에멀린 페틱-로렌스Emmeline Pethick-Lawrence는 왕족과 오랜 연관성을 고려해 보라를 채택했다고 말했다.

로열 블러드 보라는 모든 참정권을 지닌 이들의 핏줄에 흐르는 자유와 존엄의 본능을 상징하며, 흰색은 '순결'을 녹색은 '봄'을 상징했다. 미국의 국가여성당National Woman's Party도 당을 대표하는 색으로 보라색과 흰색, 금색을 채택했다. 이 삼색은 '충성을 담은 색, 목적을 향한 꾸준함을 상징하는 색, 그리고 변함 없는 대의의 지지를 나타내는 색'이 되었다.

1920년대는 찬란한 색조가 다시 유행했다. 1925년 6월에는 주요 사교 행사에 입고 갈만한 멋진 옷감으로 '두 가지 색조의 오키드 모브 시폰orchid mauve chiffon'을 소개했다. 〈타임스〉는 1926년 4월 판에 파리인들이 '가장 좋아하는 색'으로 모브를 언급했다. 잔느 랑방Jeanne Lanvin의 보라색 바이어스 컷 새틴 이브닝 드레스는 아르데코의 우아함을 매우 잘 나타낸다. 강렬한 한 가지 색만이 사용된 이 드레스는 칼라collar 부분이 매우 기하학적으로 디자인되었고 전체적으로 반짝거려 자연스럽게 흐르는 느낌을 준다.

라벤더 10년

1961년 8월 《라이프 매거진》에는 다음과 같은 글이 실렸다.

"킴 노박Kim Novak은 보라색에 열광한다. 그녀는 보라색 종이에 라벤더 잉크로 보라색 산문을 쓰고, 보라색 옷을 입고, 보라색 시트 위에서 잠을 잔다. 또한 그녀는 다음 영화인 〈악명 높은 여주인〉에 등장하는 왼손 펀치 장면을 연습하기 위해 연보라색 펀치백까지 구입했다."

영화 〈피크닉〉과 〈여심〉으로 스타 반열에 오른 노박은 라벤더색으로 상징된다. 라벤더색의 눈을 가졌다고 묘사되었을 뿐만 아니라, 1956년 《포토플레이 매거진》이 '라벤더 라이프의 소녀The Girl with the Lavender Life' 특집으로 "노박의 삶에서 라벤더는 매우 중요한 동기부여가 되었다. 라벤더색은 짙은 보라에서 연한 라일락에 이르기까지 모든 보랏빛 색조를 아우르며 그녀를 위한 색이기도 하다."라며 확실하게 이미지를 각인시켜 주었다.

낙관주의가 팽배했던 1890년대가 '모브의 10년mauve decade'이었다면, 1950년대는 '라벤더의 10년lavender decade'이다. 낙관주의와 소비주의를 나타내는 무지개색과 함께 보라색이 다시 유행하기 시작했다. 미국의 화가인 제임스 휘슬러James Whistler는 여성스러운 핑크보다 더 부드러운 라벤더를 '보랏빛이 되려고 하는 분홍색'이라 묘사했다. 1951년 6월 12일자 〈뉴욕 타임스〉

영화 <나홀로>의 킴 노박(1957)

마가렛 모리스의 여성 행진곡을 위한
예술작품(1911)

피에르 발망 A/W 컬렉션(1958)

는 라일락과 모브 컬러를 임산부용 의상으로 '가장 적합한 색조'라 칭송했다.

파리의 크리스챤 디올 패션쇼에서는 마른 몸의 모델이 발목까지 오는 크레페 칼럼 드레스(주름 무늬의 어깨에서 밑단까지 변화가 없는 실루엣 드레스)를 입고 런웨이를 휩쓸었다. '비버리힐즈Beverly Hills'라 불리는 이 드레스는 전체적으로 짙은 보라색에 네온 핑크색 허리띠가 둘러 있었다.

엘리자베스 테일러는 보라색 눈동자로 높이 평가받았다. 그래서 자신의 눈이 더욱 돋보이도록 보라색 옷을 즐겨 입었다. 1963년 〈클레오파트라〉 주연을 맡아 고대 이집트 문화에 1960년대식 패션을 가미해 콜kohl과 짙은 보라색 아이섀도로 화장하였다. 1970년 아카데미 시상식에서는 에디스 헤드Edith Head가 디자인한 페리윙클 색상의 드레스를 입어 볼륨감 있는 몸매와 태닝한 피부를 완벽하게 드러냈다. 그녀는 평소에도 가슴 부분이 깊이 파인 큰 소매의 보라색 새틴 소재 옷을 즐겨 입으며 보라색이 지닌 힘을 지속적으로 표출했다. 또한 1980년대와 1990년대 보라색을 상징으로 내세운 에이즈 행동주의에 동참해 활동을 벌였다.

한편 1950년대 패션 세계에서 유행했던 컬러인 '라벤더'는 미국의 동성애자 커뮤니티 폄하에 이용되기도 했다. 역사학자인 데이비드 K. 존슨David K. Johnson은 남성 동성애자를 향해 '라벤더 청년lavender lads'이라는 경멸적인 용어를 사용한 것도 모자라 '라벤더 공포The Lavender Scare'라고 사회 분위기를 조장했다. 그로 인해 5천여 명의 연방 정부 직원이 성적 취향으로 일자리를 잃기도 했다.

라벤더는 1969년 스톤월 항쟁(술집 스톤월 인Stonewall Inn을 단속하는 과정에서 동성애자 집단이 자발적으로 데모를 일으킨 사건) 이후 LGBTQ 커뮤니티에 의해 다시 한번 사용되었다. 워싱턴 스퀘어 공원에서 한 달 전 폭동이 일어났던 뉴욕의 스톤월 인까지 행진하던 군중들은 라벤더색 띠와 완장을 찼다.

영화감독 데릭 자만Derek Jarman은 1993년 저서 《Purple Passage》에서 이렇게 서술했다.

"보라색은 열정적인 색이며 짙은 보라로 넘어가면 조금 더 대담한 느낌이 더해진다. 옅은 보라로 가면 분홍색도 보라색으로 변모한다. 달콤하면서도 수줍은 느낌을 주는 라벤더 색상은 시선을 사로잡는다. 보라색은 또한 게이임을 표현하는 색이다. 남성을 상징하는 파랑과 여성을 상징하는 빨강이 합쳐져 독특한 보라색을 만든다."

사이키델릭 퍼플

1964년 패션 디자이너인 바바라 홀라니키Barbara Hulanicki는 런던에서 부티크 '비바Biba'를 열었다. 당시 20대 젊은 나이였던 홀라니키는 올리브색, 적갈색 및 '브루즈드 보라bruzed purple'처럼 비교적 덜 화려하면서도 자연에 가까운 색조의 로맨틱한 옷을 판매했다. 비바는 문화적 전환인 아르누보 운동과 1920년대 아트 데코로 되돌아간 보헤미안 모드(mod-유행에 따른 복장을 하고 오토바이를 타고 다니던 1960년대 영국 청년) 디자인에 열광하는 수많은 젊은 여성을 즉시 매료시켰다. 특히 저렴한 가격대의 짙은 보라색 벨벳 원피스와 부드러운 느낌의 모브색 모자는 젊은 여성들 사이에서 비바가 제안한 '토털 룩'의 시그니처가 되었다.

비바는 토요일마다 힙한 젊은이들의 만남의 장소가 되었다. 홀라니키는 비바가 문화적 중심지로서 끼친 지대한 영향에 대해 "그들은 토요일이면 비바에서 데이트를 했고, 그곳에서 만나 결혼하여 아기도 낳았고, 비바 퍼플 기저귀를 사용하기도 했다."라고 말했다. 여기에 더해 비바걸Biba girl을 다음과 같이 묘사했다.

"…몽환적이고 만질 수 없는… 젊음과 싱싱함은 내가 어렸을 때 싫어했던 이모가 입은 색깔들마저 전부 새로워 보이게 했다. 낮에는 오키드, 더스티 블루, 빌베리 멀베리 컬러가 주변 환경과 더욱 잘 어우러졌다. 그녀들이 비바 숍 안으로 들어서면 음악이 울려 퍼지고 조명은 더욱 부드러워지며 더욱 신비로워진다."

아르누보 운동을 대표하는 색 보라는 1960년대 후반, 히피 운동의 사이키델릭을 나타내기도 한다. 작가 톰 울프Tom Wolfe는

비바 메이크업 프로
모션의 모델 트위기
(1972)

급진적 페미니스트
레즈비언 멤버들이
입었던 '라벤더 위협'
티셔츠(1970)

켄싱턴의 비바 매장
(1972)

1960년대를 '보라색의 10년purple decade'이라고 부르며 반문화 운동에 대한 자신의 저널을 엮어 책으로 내기도 했다.

보라는 1967년 히피 패션의 젊은이들이 샌프란시스코를 가득 채운 '여름날의 사랑'을 상징하는 색이다. 히피와 마약 문화의 중심지 샌프란시스코 헤이트 애시베리 인근에는 타이다이 셔츠tie-dye shirts와 긴 머리에 꽂힌 꽃에서 보라색을 볼 수 있다. 이는 자연계와 동양 철학을 기념하는 새로운 운동의 상징이었다.

아르누보 아티스트 알폰스 무하Alphonse Mucha와 오브리 비어즐리Aubrey Beardsley의 도움을 받아 완성된 록 밴드 및 콘서트의 포스터에는 탄저린이나 오베르진, 혹은 푸시아나 에메랄드색이 오묘하고도 아름답게 조합되어 있다. 1966년 〈뉴욕 타임스〉의 '오렌지 온 퍼플: 컬러즈 온 더 영Orange on Purple: Colors on the Young' 기사에서 볼 수 있듯이 이러한 색 조합은 패션이 되었다. 오렌지 서클이 보라색 정장에 들어가며 강렬한 음악처럼 꽤나 야만적인 색이 창조되는 것이다.

지미 헨드릭스는 보라색을 스모키 사이키델릭smoky psychedelia 과 연관 지어 〈퍼플 헤이즈Purple Haze〉란 노래를 만들었다. 노래 가사를 통해 자신이 볼 수 있는 색은 보라색뿐이라며 스스로 마약에 중독되었음을 자백했다. 퍼플 헤이즈는 강력한 환각제의 일종인 '보라색 몬테레이Monterey' 및 1960년대 유행했던 보라색 각성제를 가리키는 말이다. 또한 파란색과 빨간색이 어우러져 다양한 색조와 톤을 만들어내는 보라색의 복잡함을 상징하기도 한다.

프린스와 보라색

'퍼플 원Purple One'이라는 별명을 가진 예술가이자 음악가 프린스는 퇴폐와 과잉을 암시하는 컬러를 선호했다. 2017년 8월 프린스 에스테이트the Prince estate는 팬톤과 함께 독특한 보라색 '러브 심벌 넘버 2'를 개발했다.

프린스는 1982년 4집 앨범 〈컨볼루션Convolution〉에서 모브색 트렌치코트를 선보이며 처음으로 보라색을 입었다. 투어 중에는 다음 영화와 앨범에서 사용할 〈퍼플 레인〉의 콘셉트를 보라색 공책에 적어 두기도 했다. 이는 장식이 달린 보라색 새틴 재킷과 무대장치에서 피어오르는 연기, 로맨틱한 스타일로 영원히 박제되어 경이적인 성공을 거두게 될 아이디어였다.

프린스 전문가로 《On His Royal Badness: The Life and Legacy of Prince's Fashion》의 저자인 카시 릿치Casci Ritchie는 이렇게 말했다.

"그가 보라색을 좋아하는 가장 분명한 이유는 보라가 왕족과 관련이 있기 때문입니다. 프린스는 보라색에 호기심을 느낄 수밖에 없는 신비한 인물로 자신의 신화를 강조하고 싶어 했죠. 보라색은 독특한 색으로 그는 특별히 자신만의 보라색을 만들고 싶어 했습니다."

프린스는 영화 〈배트맨〉의 사운드트랙을 작곡했는데 그중 조커Jack Nicholson 장면에서 방점을 찍었다. 1940년 첫 번째 원작 만화에서 시작해 히스 레저가 열연한 영화 〈다크 나이트〉에 이르기까지 조커의 캐릭터는 광기와 야망에 집착해 화려한 오렌지나 그린이 충돌하는 보라색 코트를 입었다.

팝 스타 비욘세는 데스티니스 차일드Destiny's Child의 멤버로 활약하는 동안 그녀의 어머니 티나 놀스Tina Knowles가 디자인한 라일락과 마젠타 색상의 미니 드레스와 점프 슈트를 입었다. 2003년 BET 어워드 무대에서 자신의 획기적인 싱글곡 〈크레이지 인 러브〉를 위해 앞부분이 V자로 깊이 파인 매우 짧은 베르사체의 보라색 드레스(2003년 봄/여름 컬렉션)를 선택했다. 이 무대로 그녀는 세계적인 슈퍼스타 팝의 여왕으로 등극했다. 18년 후, 젠다야Zendaya는 2021년 BET 어워드에서 스타일리스트가 준비한 순수한 느낌의 베르사체 드레스를 입음으로써, 비욘세의 아이코닉한 공연에 경의를 표하며 밀레니엄 전환기 패션의 향수를 담아냈다.

퍼플 파워

2016년 《스타일리스트 매거진》은 '오베르진이 이제 새로운 블랙이다'라는 기사를 실었다.

BET 어워드에서 <크레이지 인 러브>를 공연하는 비욘세(2003)

지방시 A/W 컬렉션 (2018/2019)

"이제 아보카도는 잊어라, 우리 주변의 접시, 집 주변, 심지어 옷장에서도 이제 대세는 오베르진(보라 계열의 색)이다."

패션계에 보라색이 재유행을 시작했다. 과거의 비바Biba 스타일이 부활한 것만 같았다. 옅은 모브색 셔츠와 1960년대 사이키델릭 포스터 같은 다양한 색조의 오베르진 미니 드레스를 선보인 2005년 프라다의 봄 기성복 컬렉션 및 2005년 가을 기성복 컬렉션에서 영국 패션 디자이너 앨리스 템플리Alice Temperley는 모델들에게 1970년대 스타일인 보라색 아이섀도를 적용했다. 머리에 진홍색과 보라 꽃 머리띠를 두르고 목에는 자주색 니트 스카프를 둘러주었다. 디자이너 안나 수이에게 뉴욕의 비바숍은 영감을 주는 알라딘의 요술 램프와도 같았다.

"저는 매년 여름이면 미시간에서 뉴욕으로 향하곤 했죠. 저는 여러분이 본 어떤 색깔보다 더 어둡고 흥미로운 빛깔의 자두빛, 청록색, 적갈색maroons을 기대했습니다."라고 회상했다.

보라색은 향수를 나타내지만 미래 지향적이기도 하다. 2011년 오베르진 이모지가 처음 등장하자 보라색은 남성의 성기를 상징하는 새로운 이미지로 부각되었다. 이에 인스타그램이 공격적인 사용을 이유로 해당 이모지를 금지하려 하자 오히려 더 전복적인 색조를 시도했다.

퍼플은 또한 슈퍼푸드의 상징으로 환영받기도 한다. 2017년의 연구는 오베르진, 퍼플 콜리플라워, 엘더베리, 비트루트 같은 음식에서 발견되는 안토시아닌의 장점을 밝혀내 건강한 분위기를 제공하는 옷과 화장에 관심을 끌어냈다.

크리스챤 디올의 2016년 가을/겨울 컬렉션 모델들은 어둡고 광택이 나는 플럼 잼plum-jam 립 메이크업을 했다. 지방시의 2018/19 가을/겨울 컬렉션에서 클레어 웨이트 켈러Clare Waight Keller는 투박하고 촌스러운 1980년대 스타일에서 영감을 받았다. 그녀는 반짝이는 보라색 플리츠 드레스를 선보이며 고대의 뮤렉스 보라색을 떠올리게 했다.

2018년 팬톤은 '올해의 색'으로 울트라 바이올렛을 지목했다. 이에 대해 사이키델릭 시대에 창의적인 영감을 제공하는 색이라는 극찬이 쏟아졌다. 또한 그 어느 때보다 정치적 비난의 수위가 높아 위험에 빠진 시기에 미래에 대한 희망을 나타내는 색으로 인정받았다.

2021년 1월 조 바이든 대통령의 취임식은 조용하게 치러졌다. 코로나19 대유행이 정점에 치달은 상황에서 이전처럼 엄청난 인파가 워싱턴 DC로 모일 수 없었다. 더구나 1월 6일 미국 국회의사당 습격 사건으로 미국을 비롯한 전 세계가 움찔했다. 하지만 참석자들의 옷차림에서는 선명한 컬러감이 포착되었다. 그중에서도 압권은 보라색이었다. 카멀라 해리스Kamala Harris 부통령은 짙은 보라색 코트와 아프리카계 미국 디자이너 크리스토퍼 로저스Christopher John Rogers의 드레스를 입었다. 미셸 오바마는 색 조합이 매우 뛰어난 와인 컬러의 코트와 터틀넥에 와이드 레그 트라우저wide-legged trousers를 입었다. 힐러리 클린턴은 보라색 바지 정장을, 질 바이든은 뉴욕의 독립 디자이너인 조나단 코헨Jonathan Cohen의 따뜻한 보라색 코트에 액세서리를 매칭시켰다.

민주당을 상징하는 파란색과 공화당의 빨간색이 섞인 보라는 통합을 뜻하는 색이 되었다. 도널드 트럼프가 펼친 격동의 정치 이후 들어서는 바이든 정권의 낙관을 뜻한다. 이처럼 애잔하며, 신비롭고 영적이며, 기발하고 풍부한 표현력으로 한 나라를 통합할 희망까지 주는 색이 바로 보라색이다.

제76회 골든 글로브 시상식에서 발렌티노의
의상을 입고 있는 레이디 가가(2019)

영화 〈악마는 프라다를 입는다〉에서 냉소적이고 시크한 성격의 패션 잡지사 편집장 미란다는 앤디가 입은 꽈배기 무늬 스웨터에 대해 이렇게 말했다.

"앤디, 너는 잘 모르겠지만 지금 네가 입고 있는 그 스웨터 색상은 그냥 파란색이 아니란다. 그렇다고 청록색도 아니지. 물론 짙은 남색 계열의 라피즈lapis 색도 아니고. 그건 세룰리언Cerulean이라고 부르는 색이란다." 그러면서 미란다는 세룰리언 블루 컬러의 옷이 백화점과 할인매장에 들어올 수 있도록 유행시킨 여러 디자이너 컬렉션을 나열하면서 "사실 그 색은 매우 세련된 색이다. 우리 같은 패션 종사자들이 고심해서 고른 색상의 스웨터를 입고 있으면서도 정작 너는 패션과 상관없는 사람이라 생각하다니 참으로 재밌구나."라고 덧붙였다.

이 장면은 다툼과 살인마저 저지르게 한 파란색이 가진 힘과 역사를 환기시킨다. 당연히 청색과 하늘색 사이에 있는 세룰리언 블루에 대중의 관심도 불러일으켰다. 그 결과 1999년 팬톤은 '천국' 또는 '하늘'을 의미하는 라틴어 caelum에서 유래한 세룰리언 블루를 밀레니엄의 색으로 지명했다.

BLUE

남성적 매력으로 이어지는 파랑은 드넓은 하늘과 망망대해처럼 광대하고 장엄한 느낌을 준다. 그러기에 이해와 포용을 대변하는 이미지로 보인다. 시원한 바람을 일으키며 신선하고 맑음을 선물하는 유일한 색이다.

세룰리언은 영국 팝 아티스트이자 사진작가인 데이비드 호크니David Hockney의 작품에 등장하는 로스앤젤레스의 수영장과 맑은 물, 푸른 하늘이 나른한 쾌락을 불러일으키는 미국 사진작가 슬림 애런즈Slim Aarons의 사진을 떠오르게 한다. 많은 문화권에서 파란색은 하늘과 천국을 연상시킨다. 프랑스어로 하늘색은 '천국의 푸른색bleu celeste'이란 의미를 지닌다. 힌두교의 신 크리슈나Krishna, 시바Shiva 그리고 라마Rama는 모두 하늘과 바다에 무한대로 맞닿아 있는 푸른 아우라와 피부색을 지니고 있다.

고대 이집트인에게 파란색은 아문라Amun-Ra 신의 색으로, 파란색 보석은 악을 물리치고 번영을 가져다준다고 여겼다. 가열된 구리 필링에 모래와 탄산칼륨을 혼합하여 만들어진 군청색은 다양한 장식 예술에 사용되었다. 이집트인들은 이 색소를 'hsbdiryt'라고 불렀고, 로마인들은 'caerulum' 또는 '이집트 블루'라 불렀다. 그런데 벽화와 도자기에 이집트 블루를 사용한 이집트인이지만 옷에서는 좀처럼 파란색은 찾아볼 수 없다. 이는 파란색이 북부 부족의 야만성을 떠올리게 하기 때문이다. 율리우스 카이사르는 고대 스코틀랜드인이 입은 파란색 옷을 보고 "그들은 푸른색을 띠는 옷으로 온몸을 휘감고 있어 전쟁에서 보기 흉할 정도다. 그들은 긴 머리를 하고 있으며 머리와 윗입술을 제외한 몸의 모든 부분을 면도하는 듯하다."라고 말했다.

수 세기 후 파란색은 부정적인 이미지를 탈피하여 가장 사랑받고 존경받는 색 중 하나로 인정받게 되었다. 안정감과 힘을 상징하는 파란색이 20세기의 미국 해군과 영국 공군을 포함한 전 세계 군복에 활용된 것이다. 민항기 조종사와 승무원의 유니폼에서도 가장 많이 사용되고 있다. 미국에서 가장 영향력 있는 디자이너 중 한 명인 션 애덤스Sean Adam는 저서《The Designer's Dictionary of Color》에서 대중의 심리를 이렇게 언급했다.

"만약 누군가 물어본다면 고객 대부분은 로고 색상으로 파란색을 제안할 것입니다. 파란색이 정직과 충성심을 나타내기 때문이죠."

인디고와 대청

장례복을 위한 염색 실에서 리바이스와 리라이더 청바지Lee Rider jeans의 독특한 워싱까지 인디고 컬러는 블루 직물의 역사에서 중요한 부분을 담당해 왔다. 다년초 식물인 인디고페라 틴토리아Indigofera tinctoria 잎은 물이 빠지지 않는 염색 원료로 아시아, 아프리카, 아메리카에서 6천 년 이상 사용되었다. 이제까지는 기원전 2400년 고대 이집트 미라를 감싼 파란색 줄무늬 린넨이 가장 오래된 인디고 직물로 알려졌었다. 그러나 2016년 페루 후아카Huaca의 한 매장지에서 푸른 줄무늬의 면직물 파편이 발견되면서 인디고 컬러로 염색된 가장 오래된 직물은 기원전 4200년경으로 거슬러 올라가게 되었다.

'인디고'라는 말은 '인도에서부터'라는 뜻의 그리스어 'indikon' 과 라틴어 'indicum'에서 유래했다. 인디고는 최소 5천 년 전 인도 북서부의 인더스 계곡에서 처음 재배되었다. 잎사귀를 으깨어 둥글게 뭉친 형태나 잎사귀를 발효시킨 건과처럼 제조된 인디고는 수 세기 동안 인도에서 유럽으로 가는 수천 마일의 실크로드를 따라 운반되었다.

인디고의 염색 과정은 매우 복잡하다. 인디고 잎을 물에 담그면 세포가 분해되면서 인디고틴indigotin이라는 색소가 방출되는데 이때 염료가 직물에 확실하게 입혀지도록 석회나 나무 재 같은 알칼리성 화합물을 첨가한다. 그리고 보관 통 안의 산소를 억제하기 위해 당류를 첨가하여 박테리아를 증식시키는 방식을 사용한다. 염료를 알칼리성으로 변화시키기 위해 퀴퀴한 소변도 많이 사용했다. 그러나 18세기에 들어서는 철 화합물로 이를 대체했다. 원단을 통에 담그면 무산소 상태의 용액이 일시적으로 염료의 화학 구조를 변화시켜 녹색으로 염색된다. 이후 산소와 접촉하면 녹색은 짙은 파란색으로 변하고 분자가 팽창하면서 섬유에 달라붙는다.

유럽의 파란색 염료는 양배추목에 속하는 토종 대청에서 조달되었다. 고고학적 발견에 따르면 신석기 시대부터 토종 대청이 재배되어 페인트와 의복의 원료로 사용된 기록이 있다. 대청 잎을 으깨 소변에 발효시켜 반죽한 뒤 둥근 케이크 형태로 제작되어 이용된다. 다만 대청을 이용한 파란 염료는 색이 약하고 물이 쉽게 빠지기 때문에 당시 복장 규제인 사치금지법에서 제외되었다. 그러니 가난한 사람을 대표하는 색이 될 수밖에 없었다.

중세의 새로운 파란색은 밝은 파란색 복장을 한 12세기의 성모 마리아 그림과 아프가니스탄에서 온 귀중한 암석인 라피스 라줄리(짙은 남색)가 수입되면서 유행으로 번졌다. 그로 인해 스테인드글라스 창문에 금보다 더 비싼 색소가 사용되었는데 샤르트르 대성당의 노트르담 드 라 벨 베리에르Notre-Dame de la Belle Verrière의 코발트 블루 글라스는 마리아를 더욱 미화시키는 효과를 냈다.

노련한 이탈리아 염색기술자들은 염료와 매염제를 실험해 다양한 톤의 파란색을 선보였다. 대청과 라피스 라줄리의 사용이 맞물리면서 파란색은 빨간색과 더불어 13세기 유럽 왕족과 귀족들 사이에서 큰 인기를 누리게 되었다.

기원후 1000년경에 설립된 카노 하우사 왕국Hausa kingdom of Kano에서는 왕가의 후궁들이 수익성 좋은 인디고 농장을 운영했다. 이들은 화폐 대신 인디고 천을 사용했다고 한다. 또한 수세기 동안 인디고나 금 같은 가치 있는 상품이 낙타에 실려 사하라 사막을 건너갔으며, 11세기부터 서아프리카 문화에서 중요한 역할을 했다. 나이지리아 농경민 요루바인들은 나쁜 기운을 쫓는다고 알려진 향이나 소독제 또는 피부와 모발용 화장품 원료 등 다양한 용도로 인디고 식물을 사용했다. 요루바인들은 인디고 염색 및 재배 기술에 탁월했으며 여성들은 남색 바탕에 무늬가 있는 옷을 입었다.

인디고의 높은 수요는 노예무역의 원인이 되기도 했다. 17세기 서인도 제도 식민지에 인디고 농장을 설립한 영국과 프랑스는 노예 노동력을 통해 무역을 확장해 나간 것이다.

수 세기 동안 사하라 사막에 거주해온 반유목민족 투아레그Tuareg 인은 사하라 사막을 건너는 무역상을 했다. 그들은 전통적으로 타겔머스트tagelmust 혹은 리탐litham이라 불리는 남색으로 염색된 얇은 면을 머리와 얼굴에 둘렀다. 이 천에 염소 지방을 두들겨 입히는 과정에서 푸른색 인디고 가루가 그들의 얼굴과 손에 묻어 '푸른 남자들'이라 불렸다.

인디고 씨앗은 1700년대 중반 사우스캐롤라이나주 농장 소

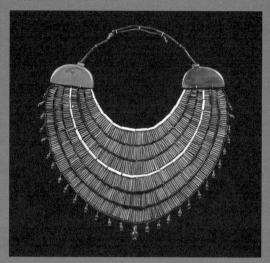

고대 이집트의 가슴 장식, 기원전 4-5세기

말리 투아레그 부족

유주의 딸 엘라이자 루카스Eliza Lucas가 우연히 발견했다. 그녀는 요루바 노예들이 염료 생산 지식을 갖고 있음을 알고 인디고 재배 및 염색 기법을 맡겼다. 후에 이곳은 인디고의 주요 생산지로 성장했다. 유럽에서 인디고색 섬유의 수요가 높다는 것을 안 그녀는 다른 농부들에게 인디고 경작의 필요성을 설득했다. 그 결과, 미국 독립 전쟁이 발발할 무렵 사우스캐롤라이나 농장주들은 110만 파운드의 인디고를 유럽으로 수출했다. 인디고가 노예무역에서 매우 중요한 역할을 했기에 미국의 노예 폐지론자들과 퀘이커 교도들은 노예제 반대 운동 당시 인디고와 면직물을 보이콧하기도 했다.

18세기 서인도 식민지에서 프랑스 궁정에 수입된 인디고는 그 특유의 섬세하고 짙은 색감으로 왕실 옷과 장식품에서 각광을 받았다. 루이 15세의 정부 마담 드 퐁파두르는 충성의 상징으로 머리에 푸른색 물망초를 자주 꽂았다. 마리 앙투아네트 역시 콘플라워 블루cornflower-blue 컬러의 실크 소재로 된 로브 알라 프랑세즈robes à la Française 예복에 매우 열광했다.

1783년 미국의 독립 이후 영국은 인디고 생산의 원천을 찾아 다시 인도로 눈을 돌렸다. 동인도 회사는 영국 육군 제복용 파란색 모직과 선원용 제복을 위한 파란색 직물을 만들기 위해 인도의 공장들을 모두 가동해야 했다. 이 과정에서 현지인의 노동력은 잔인하게 착취당했다. 인도 농부들, 특히 벵골 지역의 농부들은 주요 식품을 포함한 다른 작물 재배는 꿈도 꾸지 못하고 오직 인디고 재배만 강요받았다. 그들은 몇 세대에 걸쳐 대물림된 부채를 안고 있었으나 영국령 인도 제국이 제시한 인디고의 가격은 턱없이 낮아 빚 청산은 불가능했다. 그래서 1859년 벵골 나디아Nadia에서 수천 명의 인디고 농부들은 억압적인 동인도 회사에 대항해 봉기했다. 이에 영국은 군대를 동원해 진압하려 했으나 이미 다른 마을로 확대되어 어려움을 겪었다. "인간의 피로 얼룩지기 전 인디고 상자는 결코 영국에 도착하지 않는다."라는 말은 바로 여기서 나왔다. 이후 벵골 통치기구는 1860년 봉기의 진원지를 조사하기 위해 인디고 위원회를 설립하였다.

1856년 윌리엄 퍼킨이 아닐린 염료를 발견한 후, 독일의 화학자인 아돌프 폰 바이어Adolf von Baeyer는 14년간의 연구 끝에 1880년 '합성' 인디고 제조법을 완성했다. 1897년부터 상업화되자 '천연' 인디고 염료 수요는 19,000톤에서 1914년에 1,000톤으로 급격히 감소한다. 인디고 시장이 무너지면서 인도 농민들의 사정은 더욱 절박해졌다. 인디고 반란에 영감을 받은 마하트마 간디는 1917년 비하르주 참파란Champaran 지역의 인디고 노동자들을 대변하기 위해 비폭력 저항을 개시했다. 간디의 행동은 대중적 문제의식을 일깨워 인디고 재배자의 처우 개선을 전면 재검토하기에 이르렀다.

새로운 블루 패션

1705년 스위스 페인트 제조업자인 요한 자코브 디즈바흐 Johann Jacob Diesbach는 황산철과 탄산칼륨을 첨가하여 녹지 않는 안료 코시넬 레드 레이크cochineal red lake를 만드는 과정에서 합성 파란색 안료를 발견한다. 제조 중인 안료가 분홍색, 보라색, 파란색으로 점차 변해가자 그는 탄산칼륨이 악명 높은 유해 물질 골유(짐승의 뼈를 건류하여 채취한 악취가 나는 액체)에 오염되어 일어난 반응이란 것을 알아챘다. 그리고 이것이 오랫동안 자취를 감췄던 이집트 블루의 염색 비법임을 직감했다. 그는 조금 더 짙은 색의 이집트 블루라는 의미로 '프러시안 블루Prussian blue'라 명명했다.

1750년경 프러시안 블루는 이상적인 청록색을 위한 획기적인 방직 염료로 각광받았다. 군대의 제복 컬러로 채택되었고 앙투안 와토Antoine Watteau 같은 화가들에게 사랑을 받았다. 한 세기 후에는 일본인 화가 카츠시카 호쿠사이Katsushika Hokusai의 상징적 작품〈카나가와 만의 대단한 파도〉와 빈센트 반 고흐의〈별이 빛나는 밤〉에도 사용되었다.

19세기에는 천연염료와 합성염료로 제작된 다양한 색조의 파란색 옷이 등장했다. 녹색을 띤 청록색부터 담녹청색, 밝은 남색, 남색, 짙은 남색에 이르기까지 파란색은 어느 계절에나 어울리는 색이었다. 윌리엄William과 조지 오슬리George Audsley는

1870년 발간한 저서《Color in Dress》에서 파란색을 '신성, 지성, 성실, 부드러움의 상징이자 차갑고 내성적인 색'으로 묘사했다.

1892년 2월《영 레이디스 저널》에서 언급한 '일렉트릭 블루의 화려한 비단 천으로 된 드레스'로 인해 일렉트릭 블루의 트렌드가 촉발되었다. 그로부터 120년 후인 2019년 10월, 영화배우 티모시 살라메Timothée Chalamet는 하이더 애커만Haider Ackermann이 디자인한 반짝이는 일렉트릭 블루 상의와 바지를 입고 영화〈더 킹: 헨리 5세〉의 시사회에 참석해 가장 유행에 앞서가는 배우로 이름을 날렸다.

슬픔과 힘을 위한 파란색

1774년 요한 볼프강 폰 괴테는 짝사랑 때문에 자살을 택한 젊은 예술가의 이야기를 담은《젊은 베르테르의 슬픔》을 출간해 센세이션을 일으켰다. 베르테르는 파란 연미복을 입고 노란 조끼와 반바지를 입은 캐릭터다. 소설의 엄청난 인기에 힘입어 당시 젊은 남성들은 다양한 스타일의 파란색 코트를 입기 시작했다. 향수(오 드 베르테르)가 출시되었으며, 베르테르의 의상이 패션지에 등장했다. 그러나 베르테르 열풍은 역사에 기록된 최초의 '도덕적 공황'으로 당시 유행처럼 번진 젊은이들의 자살 원인으로 지목되었다. 이에 라이프치히와 코펜하겐에서는 베르테르의 청색 외투 착용을 금지하기에 이르렀다.

이 소설과 베르테르 스타일은 낭만파 시인들과 예술가들에게도 영향을 끼쳤다. 파란색이 주는 슬픈 이미지가 그들의 작품 주제와 어울렸기 때문이다. 1810년에 출간된 《색채론》에서 괴테는 이렇게 말했다.

"우리는 파란색을 바라보길 좋아한다. 파란색이 우리에게 다가오기 때문이 아니라, 파란색이 우리를 끌어당기기 때문이다."

예술계에 잘 알려진 파란색 슈트는 토마스 게인즈버러Thomas Gainsborough의 1770년 그림 〈푸른 옷을 입은 소년〉이다. 소년이 입은 반짝이는 파란색 슈트는 현대 대중문화에 큰 영향을 끼쳤다. 현대에도 프리드리히 무르나우F. W. Murnau 감독의 독일 표현주의 영화 〈고독한 영웅〉에서부터 〈오스틴 파워〉의 남주인공이 입은 하늘하늘한 칼라 장식의 블루 벨벳 슈트까지 다양한 모방 작품과 패러디가 나오는 중이다.

파란색 슈트는 쿠엔틴 타란티노 감독의 영화 〈장고: 분노의 추적자〉에도 등장한다. 주인공 장고가 노예에서 구원자로, 수치스러운 누더기를 벗고 화려한 패션으로 변모하는 장면에서 파란색 옷이 등장한다. 자유를 얻은 장고가 블루 벨벳 슈트와 레이스가 달린 블라우스를 입고 완벽한 신분 탈출을 알리며 자신을 드러내는 것이다. 이 장면에 대해 의상 디자이너 샤렌 데이비스Sharen Davis는 "블루 벨벳 슈트는 자유입니다."라고 말했다.

반면, 켄드라 N. 브라이언트Kendra N. Bryant의 〈서부-흑인-슈

쿠엔틴 타란티노 감독의 영화 <장고>의
제이미 폭스(2012)

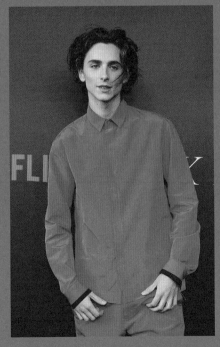

<더 킹>의 호주 시드니 초연에서 티모시
샬라메(2019)

퍼히어로-구세주 만들기: 장고의 블루 벨벳 소공자 슈트〉 논문
에는 다음과 같은 글이 실렸다.

"정치적으로 정의롭고, 현란하게 아름답고, 힙합 문화처럼 불
안할 정도로 터무니없는 영화이다. 아프리카계 미국인들은 종
종 보이지 않는 백인 중심 미국 사회에서 자신의 존재를 알리기
위해 화려하고 환상적인 옷과 액세서리를 입는다."

1745년 아프리카 베냉왕국에서 태어나 노예가 된 올라우다
에퀴아노Olaudah Equiano는 어릴 때 영국 해군 장교에게 팔린다.
1766년 자유인의 신분으로 런던에 정착한 그는 회고록에 파란
양복이 지닌 힘에 관해 "내가 자유로이 춤출 수 있도록 고급스
러운 파란색 옷 한 벌을 사기 위해 8파운드가 넘는 돈을 모았다.
흑인은 물론 백인들마저 즉시 나를 새로운 호칭으로 불렀고, 그
것은 나에게 있어 이 세상에서 가장 바람직한 것, 바로 자유인을
의미했다."라고 말했다.

또한 그는 베냉왕국의 전통 의상 칼리코calico 혹은 모슬린
muslin이라 불리는 몸을 느슨하게 감싸는 긴 의상에서 영감을 받
아 푸른색 양복을 사랑하게 되었음을 암시했다.

"이것은 우리가 가장 좋아하는 색깔인 파란색으로 염색됩니
다. 베리류에서 추출된 염료를 사용했기에 유럽에서 본 그 어떤
파란색보다 밝고 풍부한 느낌을 줍니다."

베리류의 열매는 인디고 종인 필레노프테라 시아네센스

Philenoptera syanescens 혹은 '요르바 인디고'에서 유래한 것으로 열매와 잎에서 파란색 염료가 생산된다.

베르테르의 외투가 낭만적 이미지로 유행했듯 파란색은 종종 슬픔의 색으로 다가온다. 항해 중 선장이나 장교가 사망하면 애도의 뜻으로 파란색 깃발이 게양된다. 19세기 말 아프리카계 미국인들은 그들의 감정 상태를 표현하기 위해 '블루스' 리듬을 발전시켰다. 그때부터 파란색은 음악과 관련하여 우울함과 내면의 고통을 나타내는 색이 되었다.

트루 블루 데님

리바이 스트라우스Levi Strauss는 열여덟 살에 뉴욕으로 건너간 독일계 유대인 사업가다. 1853년 골드러시의 틈을 타 캘리포니아로 향한 그는 스트라우스 가문의 건자재 제품을 서부 개척자들에게 팔았다. 스트라우스의 단골인 네바다 출신 양복장이 제이콥 데이비스Jacob Davis는 '서지 드 님serge de Nîmes' 혹은 '데님'이라는 내구성 좋은 능직 목면으로 작업복을 만들었다. 데이비스는 데님 공급업자 스트라우스에게 동업을 제안했고 그들은 1873년 구리 고정핀을 보강하여 오래 입을 수 있는 '웨이스트 오버롤'로 특허를 냈다. 그리고 데님 염색의 어려움을 고려해 스트라우스는 저렴한 가격과 여러 번 세탁해도 색이 빠지지 않는 사우스캐롤라이나 산 표준 인디고 블루를 선택했다.

인디고는 데님에 적격이었다. 데님은 염색되지 않은 씨실과 인디고 남색의 날실이 교차된 능직으로, 내구성이 강한 면 부분만 염색이 되고 뒷면은 거의 흰색 그대로 남아 있다. 시간이 지남에 따라 남색이 옅어지면서 실의 흰색 중심부와 조화를 이룬다.

인디고 재배와 염색에 관해 책을 쓴 더글라스 루한코Douglas Luhanko와 커스틴 노이뮐러Kerstin Neumuller는 인디고에 대해 다음과 같이 말했다.

"닳아서 마모되고 찢긴 데님 옷을 보면 옷을 입은 사람이 어떤 경험을 했는지 통찰할 수 있다. 19세기 미국에서 곡괭이질로 행복을 찾던 그 누군가였는지 혹은 무릎에 구멍이 날 정도로 공원에서 신나게 노는 어린이인지를 말이다."

블루 데님은 농장, 목장, 광산에서 일하는 노동자의 실용적 도구가 되었다. 당시 할리우드 서부 영화와 텔레비전, 1930년대 말 목장에서의 휴가 유행에 힘입어 데님은 큰 인기를 얻었다. 내구성 있는 데님 작업복을 입은 카우보이를 둘러싼 낭만적인 신화마저 창조했다. 인류학자 테드 폴레무스Ted Polhemus는 목장에서뿐만 아니라 경찰, 집배원, 교통 분야 종사자와 같은 여러 노동자 계층이 실용적인 블루 데님 옷을 선호하게 됨에 따라 중산층도 '편하게 입는' 옷을 상징하게 되었다고 증언했다.

제2차 세계대전 이후 블루 데님은 반항적인 젊은 리 진Lee

Jeans과 랭글러Wrangler의 전신인 블루벨 오버롤 컴퍼니Blue Bell Overall Company가 20세기 초 주요 데님 메이커로 떠올랐다. 그리고 반문화의 상징이 되었다. 영화 〈이유 없는 반항〉에서 제임스 딘은 분노에 찬 주인공 짐 스타크Jim Stark 역할을 맡아 당대 젊은이들을 대변했다. 그로 인해 그가 출연한 세 편의 영화에서 입은 청바지는 젊은 세대의 상징이 되었다.

빨간색 바람막이 점퍼와 흰색 티셔츠, 그리고 리 101 Z 라이더 블루진은 전형적인 테크니컬러로 그를 부각시켰다. 딘의 의상 담당이던 모스 매브리Moss Mabry는 영화를 위해 LA 고등학교를 돌며 청바지를 입은 10대의 옷과 스타일을 관찰했다. 의상부서는 엑스트라들을 위해 4백 벌 이상의 리바이스 진을 준비했다. 워너브러더스 대변인은 리바이스를 입은 고등학생들이 항상 청바지를 일부러 더럽힌 후에 서너 번 세탁하여 전부터 입었던 옷 같은 느낌을 추구한다고 했다. 이는 반항의 이미지를 나타낸 것이다.

그 결과, 부지런한 노동과 투지 및 카우보이의 선구적 정신을 떠오르게 했던 청바지는 어느덧 '위험'으로 연결되었다. 로큰롤과 데님 차림의 10대를 배경으로 한 영화의 등장은 도덕적 공황으로 이어졌다. 철학자이자 사회학자인 에드가 모린Edgar Morin은 1960년 저서 《스타: 영화 속 스타 시스템에 대한 설명; 제임스 딘》에서 이렇게 말했다.

"사춘기의 집합이라 부를 수 있는 것, 즉 사회를 향한 전반적인 태도가 표현되는 옷, 청바지, 두꺼운 스웨터, 가죽 재킷, 넥타이, 단추를 채우지 않은 셔츠, 의도적으로 엉성하게 입은 옷차림 등은 성인 세계의 사회적 관습에 대한 청소년의 저항을 표면적으로 나타내는 징후이다."

1964년부터 1975년까지 섬유 공급업체들이 인디고 염료 부족으로 고군분투하는 사이 리바이 스트라우스의 연간 매출은 1억 달러에서 10억 달러까지 치솟았다. 리바이스의 방축가공shrink-to-fit 청바지는 성적 해방과 자유를 상징했다. 도시적이고 반문화적인 힙합 문화와도 잘 어울렸다. 1973년, 리바이 스트라우스의 사장 피터 하스Peter E. Haas는 "작업복에서 고급 패션으로 부상한다는 것이 조금 이상하긴 합니다. 하지만 그러한 현상에 애써 역행할 필요는 없죠!"라고 말했다.

데님 재킷과 데님 바지(이른바 청청 패션) 차림은 1978년 데비 해리Debbie Harry가 무대에서 선보인 이후 로큰롤과 컨트리 음악의 혼합 장르 로커빌리의 부흥에 힘입어 다시 파괴적이고 반항적인 이미지로 재등장했다.

1984년 리바이 스트라우스는 청아한 색상과 블루스 음악에 어울리는 '501 블루'를 텔레비전에 광고했다. 덕분에 꾸준한 판매로 이어져 크게 인기를 끌었다. 1990년대 초반엔 헌 옷 느낌을 추구하는 그런지grunge 스타일은 블루 데님에 빳빳한 화이트

셔츠를 유행시켰다. 1992년 신디 크로포드나 드류 배리모어, 위노나 라이더와 같은 여배우들이 펩시 광고에 출연하며 블루 데님의 성적 매력을 더욱 높였다.

밀레니엄 커플로 유명했던 브리트니 스피어스와 저스틴 팀버레이크는 청청 패션을 입고 2001년 아메리칸 뮤직 어워드에 등장했다. 팀버레이크는 데님 턱시도와 카우보이 모자를, 스피어스는 어깨끈 없는 데님 드레스를 입고 둘이 연인임을 공식 석상에서 드러냈다.

라나 델 레이Lana Del Rey는 제임스 딘을 추모하며 '블루진'을 발표할 만큼 밀레니엄 시대의 향수를 불러왔다. 2010년대 디자이너들은 더욱 세련된 느낌으로 청청 패션을 되살렸다. 케이티 페리Katy Perry는 2014년 비디오 뮤직 어워드에서 힙합 스타 리프 래프Riff Raff와 함께 베르사체의 쿠튀르 데님 드레스를 입었다. 디올의 첫 여성 크리에이티브 디렉터 마리아 그라치아 치우리Maria Grazia Chiuri는 디올의 2018 봄/여름 기성복 컬렉션에 청바지와 재킷의 블루 데님 룩을 입었다. 팝스타 리조Lizzo는 2019 메이드 인 아메리카 페스티벌에서 빛바랜 데님 핫팬츠와 뷔스티에 차림으로 더블 데님 룩을 선보였다.

네이비 블루에서 공군 블루로

메인보처Mainbocher는 제2차 세계대전 당시 미국 여성해군지

필라델피아에서 열린 메이드 인 아메리카 페스티벌에서 리조(2019)

영화 <자이언트> 세트장에서 제임스 딘 (1955)

전쟁물류운송조직의 여성 조종사들. 왼쪽부터 레티스 커티스, 제니 브로드, 웬디 세일 바커, 가브리엘 패터슨, 폴린 고워 (1942)

부WAVES의 의뢰로 제복을 디자인하며 남색을 택했다. 짙은 파란색 제복은 여성 육군의 카키색 제복보다 훨씬 매력적으로 전문적인 느낌을 살렸다. 감각적이면서도 군인의 강인함을 드러낸 것이다. 또한 군복의 효율과 전문성도 동시에 창출해냈다. 이 남색 제복은 여군의 입대 증가로 이어졌다. 마찬가지로 영국의 전쟁물류운송조직Air Transport Auxiliary-ATA의 파란색과 금색이 섞인 여성 조종사의 재킷과 치마는 역동성이 강조되었다. 이러한 색의 조합은 레스토랑의 가장 비싼 테이블이나 버스의 일등석 인테리어에도 도입될 만큼 큰 인기를 끌었다. ATA 파일럿 재키 소로어Jackie Sorour는 '훌륭한' 제복을 입었던 당시를 회상하며 "어느 순간 갑자기 내 옷차림이 나쁘지 않다는 것을 깨달았어요. 내 생애 처음으로 길을 걷는데 사람들이 다 쳐다보는 경험을 했거든요."라고 말했다.

영국 공군의 파란 계열 제복은 '카키 유니폼을 입은 놈brown job'이라 불리던 육군의 제복과 높은 차별성을 보였다. 1938년 비행기 사고로 두 다리를 잃은 영국 공군의 영웅 콜린 호지킨슨 Colin Hodgkinson은 1942년 제131중대로 편입되자 재활한 기분마저 느꼈다고 회고했다.

"공군의 블루 제복은 전 세계에서 가장 유명한 색상이었죠. 나는 유리에 비친 내 모습을 보며 모델이 된 듯 왼쪽 가슴에 달린 배지를 매만졌습니다. 세상에나! 이제 그 무엇도 나를 막을 수 없었어요. 나조차도 저항할 수 없었으니까요!"

여성들이 가장 탐하는 유니폼 중 하나는 팬암Pan Am 항공 승무원의 유니폼이다. 1944년 팬암은 최초로 7명의 승무원을 고용했다. 당시 유니폼 제작사 'Smith, Gray & Company'는 팬암 항공 최초의 수석 승무원 엘리자베스 튀니스Elizabeth Tunis의 이름을 딴 '튀니스 블루'라는 옅은 파란색 유니폼을 선보였다. 팬암 승무원의 푸른색 유니폼 인기에 이어 할리우드 패션 디자이너인 하워드 그리어Howard Greer가 1944년 트랜스콘티넨털 & 웨스턴Transcontinental & Western(현재는 아메리칸 에어라인에 합병됨) 항공사의 유니폼을 디자인했고, 크리스토발 발렌시아가Cristóbal Balenciaga는 1969년 에어프랑스의 네이비 블루 모직 서지 재킷과 스커트를 디자인했다. 같은 해, 에반 피코네Evan Picone는 '슈퍼젯 블루' 컬러의 라이딩 재킷, 스커트, 모자로 구성된 새로운 팬암 승무원 유니폼을 제작하였는데 이는 첫 번째 보잉 747기종의 도입을 의미했다. 팬암의 새로운 유니폼은 여객기 시대의 매력을 축소한 듯, 반구형의 팬암 로고와 완벽하게 어울렸으며 경계가 없는 둥근 지구를 연상케 했다.

지평선의 푸른색

흰 앞치마에 하늘색 드레스, 긴 양말에 메리제인 구두, 금발 머리를 찰랑거리는 소녀, 루이스 캐럴Lewis Carroll의 동화《이상한 나라의 앨리스》의 주인공이다. 그녀의 의상은 토끼굴을 따라 내려오는 어린 소녀의 이미지를 강조할 뿐만 아니라, 경계를 벗어나 새로운 세계를 탐험하는 삶의 가능성을 보여준다.

앨리스가 파란색 옷으로 상징화된 것은 아니다. E 거트루드 톰슨E Gertrud Thomson의 어린이를 위한 짧은 버전에서는 노란색 드레스로 묘사되었다. 하지만 1911년 맥밀런Macmillan 출판사가 출간한 해리 시커Harry Theaker의 16개 새로운 컬러판에서는 다시 파란색을 입고 나온다. 1951년 디즈니 애니메이션의 디자이너 메리 블레어Mary Blair는 앨리스에게 현대적인 뉴룩 실루엣을 입혔다. 그녀는 1919년 루스벨트 대통령의 딸 앨리스 루스벨트의 이름을 딴 '앨리스 블루' 컬러의 드레스에 은은한 음영을 주었다. 이 디즈니 버전의 인기에 힘입어 앨리스는 파란 옷을 입은 소녀로 확고하게 자리 잡았다.

그러나 파란색 옷이 항상 어린 소녀의 순수함을 상징하지는 않는다. 스탠리 큐브릭Stanley Kubrick의 영화 〈샤이닝〉에 등장하는 섬뜩한 쌍둥이 유령도 파란색 옷을 입고 있다. 이 영화에서 파란색 옷은 불길한 반전을 예고하며 무서움을 준다.

2003년 《보그》는 앨리스를 테마로 한 광고를 위해 파란색 드레스 촬영을 애니 레보비츠Annie Leibovitz에게 의뢰했다. 빅터 앤롤프Viktor&Rolf의 여러 겹의 실크 드레스와 매드 해터의 티 파티Mad Hatter's tea party 장면을 위한 파란색 크리스챤 라크루와

Christian Lacroix의 드레스, 그리고 이브 생 로랑의 리브 고쉬 하늘색 실크 새틴 드레스였다. 모델은 나탈리아 보디아노바Natalia Vodianova이며 총 22페이지 분량으로 촬영되었다.

같은 해, 그웬 스테파니는 존 갈리아노John Galliano의 의상과 비비안 웨스트우드의 파우더 블루 코르셋에 짧은 버슬bustle 스커트를 입고 〈What You Waiting For?〉의 뮤직비디오에 등장했는데 동화 속 앨리스를 깜짝 놀라게 할 정도였다. 그도 그럴 것이 이 음반은 그녀가 10년간 '노 다웃No Dought'이라는 밴드로 활동하다가 솔로 아티스트로 전향 한 후 낸 첫 음반이었다. 그래서 솔로 활동을 앞두고 망설이는 그녀의 심리를 일본의 로리타 패션에서 차용해 의상에 반영했다고 한다.

파란색은 주로 소년과 연관 짓는다. 그런데 문학, 애니메이션, 영화에서는 자유롭게 모험을 찾아 떠나는 소녀도 푸른 옷을 입는 것으로 종종 묘사된다. 무한한 하늘의 색깔인 파란색은 세계의 경계를 넘어 새로운 곳을 탐험할 잠재력을 나타낸다. 영화 〈오즈의 마법사〉에서도 적갈색 배경의 캔자스에서 테크니컬러의 오즈Oz의 땅으로 옮겨지는 과정에서 주인공은 푸른색 깅엄 드레스를 입었다. 당시 의상 디자이너 에이드리언Adrian은 열일곱 살의 배우 주디 갈랜드Judy Garland를 더 어려 보이면서 모험 중이라는 사실이 잘 드러나도록 미국 동부의 애팔래치아Appalachia에서 조달한 파란색 깅엄 소재를 택했다고 한다.

디즈니의 미녀와 야수에 등장하는 주인공 벨Belle은 독서광이다. 독서는 그녀가 작은 프랑스 마을 밖 세계를 탐험할 유일한 수단이다. 벨이 입은 흰 블라우스와 흰 앞치마 사이로 보이는 농민풍의 푸른색 드레스는 새로운 삶을 상징한다.

2017년 실사판에서 재클린 듀란Jacqueline Durran이 1990년 애니메이션의 오리지널 디자인을 바탕으로 엠마 왓슨의 의상을 만들며 "라이트 블루는 세련미와 상쾌함이 있지만, 블루 컬러는 작업복을 의미하기도 합니다. 블루는 실용적인 색상으로 작업할 때 입을 수 있는 색이지요. 그런 의미에서 적극적인 힘이 넘친다고 볼 수 있습니다."라고 말했다.

1955년 아카데미 시상식에서 영화 〈회상 속의 연인〉으로 오스카 여우주연상을 거머쥔 그레이스 켈리는 아이스 블루 더체스 새틴ice-blue duchess satin 소재의 드레스를 입었다. 당시 영화 의상은 파라마운트 픽처스의 의상 디자이너 에디스 헤드Edith Head가 디자인했는데 켈리는 미국 영화 잡지 《포토플레이Photoplay》와 인터뷰에서 "푸른색의 무엇인가를 입고 싶었다."라고 회상했다.

헤드는 알프레드 히치콕의 영화 〈나는 결백하다〉를 위해 그리스 고대 도시 델포이에서 영감을 받았으며, 1950년대 그리스의 드레스 트렌드와 어울리는 하늘색 시폰 드레스를 켈리에게 입혔다. 이 드레스 덕분에 켈리는 가장 사랑받은 '히치콕 금발'

스탠리 큐브릭의 <샤이닝>에 나오는 그레이
디 쌍둥이(1980)

알프레드 히치콕의 영화 <나는 결백하다
>(1955)에서 에디스 헤드의 드레스를 입고
있는 그레이스 켈리

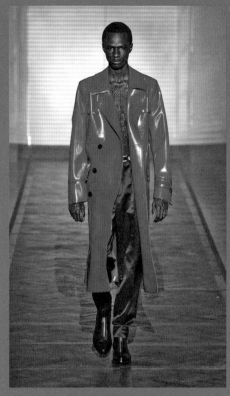

지방시 S/S 컬렉션(2018)

돌체와 가바나 A/W 컬렉션-《이상
한 나라의 앨리스》에서 영감을 받음
(2016)

이미지로 떠올랐다. 이 드레스는 꼬뜨 다쥐르Côte d'Azur 지역 부유층의 보석을 훔치는 도둑을 잡는 데 도움이 되고자 최선을 다했던, 그리고 이를 통해 자신의 시야를 넓히고자 했던 영화 속 주인공의 열정과 열망을 나타낸다.

영화 〈스타 이즈 본A Star is Born〉의 주인공 앨리Ally도 주목해 보자. 영화의 의상 디자이너 에린 베나치Erin Benach는 앨리가 '다시는 사랑을 안 할 거야'라는 노래를 부르는 장면에서 감정적 피날레를 유도하기 위해 '로빈스 에그 블루robin's-egg blue'의 맞춤 가운을 제작했다. 베나치는 "이 부분이 영화의 감정적인 정점이라는 것을 모두 알고 있었습니다. 그러나 그녀에게 강한 디자인의 옷을 입히자 그 효과가 바로 사라지더군요."라고 말했다.

이 드레스의 색상은 1954년 영화배우 주디 갈랜드가 입었던 페리윙클 블루 볼 드레스로 거슬러 올라간다. 갈랜드는 이 드레스로 스타 반열에 올랐다. 2018년 버전의 영화에서 주인공을 맡은 레이디 가가는 자신이 직접 부른 영화 주제가 〈Shallow〉로 2019년 골든 글로브상을 수상한다. 이때 시상식에서 그녀가 입은 페리윙클 드레스는 패션계에서 자주 회자된다.

미국의 작가인 레베카 솔니트Rebecca Solnit는 2005년 논문 《Yves Klein and the Blue of Distance》에서 프랑스 화가 이브 클라인Yves Klein의 파란색 사용을 '무형의, 실체가 없고 멀게만 느껴지는 영적 영역, 하늘, 바다'의 색상을 나타내는 정신적인 차원으로 설명했다. 클라인은 '선명하고 진한 울트라마린 색 IKB^{International Klein Blue}'을 특허 내며 1957년부터 클라인의 블루 시대를 예고했다. 팬암 항공사의 로고처럼 클라인의 파란 지구본은 인간에 의해 설정된 경계가 사라진 세상을 묘사한다. 솔니트는 저서 《A Field Guide to Getting Lost》에서 블루의 투명함에 다음과 같은 찬사를 보냈다.

"지평선 위의 푸른색, 하늘로 녹아드는 듯한 땅의 푸른색은 더 깊고, 더 몽환적이며, 우울한 푸른색이자 가장 멀리 있는 곳에서도 보이는 푸른색이다. 이 빛은 우리를 건드리지 않고, 모든 거리를 이동하지도 않으며, 잃어버린 빛이나, 세상에 아름다움을 부여한다. 그렇기에 이 세상의 많은 부분이 파란색을 지니고 있다."

파란색은 슬픈 감정과 연관성이 있지만, 하늘과 바다 사이의 공간을 나타낸다. 충성스럽고 진실하며 차분하게 여겨지는 색이다. 그렇기에 사람들이 가장 좋아하는 색으로 파란색을 자주 언급하는 것 아닐까.

<위대한 유산>(1998)의
기네스 팰트로

녹색은 섹슈얼리티부터 판타지, 악마의 유혹과 독성까지 다양한 해석이 가능하다. 화려하지만 위험과 유혹을 암시하거나 생명과 죽음의 양면성이 있다. 어두운 톤의 오드닐(암녹색) 새틴과 에메랄드 벨벳의 양극을 떠올려보면 안다. 그러나 녹색이 가진 강력한 연상 효과 중 하나는 역시 자연, 건강, 숲, 정원의 푸르름이다. 박물학자 존 뮤어는 "녹색으로 둘러싸인 고요한 숲속의 자연은 모든 고통을 치유하고 진정시킵니다."라고 말했다. 그렇다. 녹색이 우리 주변에 있으면 영혼의 치유 효과를 기대할 수 있다.

영국의 컬러 전문가 카렌 할러는 저서 《The Little Book of Colour》에서 "녹색은 '균형과 조화의 색'이며 그것은 빨강의 물리적 성질, 파랑의 지성과 노랑의 감정 사이에 놓여 있습니다. 본질적으로 녹색은 마음, 몸, 감정적 자아 사이의 균형입니다."라고 말했다.

GREEN

봄에 움트는 싹에서부터 시간이 지남에 변모하는 초록을 관찰한 적 있는가? 녹색으로 통칭되는 자연이 오묘한 변화를 일으키며 초록의 다양함을 보여준다. 새순의 초록과 한 여름 더위에 무르익은 나뭇잎의 색은 같지 않다. 그렇게 성숙해질 줄 아는 색이다.

녹색은 우리에게 필수 요소인 물과 생명, 머리를 맑게 하고 숨을 쉴 수 있게 해주는 식물과 나무에서 나오는 풍부한 산소를 떠올리게 한다. 그러나 동시에 죽음과 부패를 상징하는 곰팡이, 독이나 독성도 보여준다.

고대 이집트에서 녹색은 재생과 성장의 색으로 파피루스 새싹의 상형 문자로 표현되었다. 투탕카멘의 무덤에서 말라카이트가 함유된 페인트 팔레트가 발견되었는데, 이는 중생과 악으로부터 보호하기 위해 산 자와 죽은 자의 눈 주위에 녹색 가루를 칠했음을 의미한다.

로마인들은 녹색을 자연의 색상으로 받아들였다. 정원, 채소, 포도원의 여신인 비너스를 나타내기 위해 선택되었으며, 라틴어 단어 viridis는 '젊음', '신선함', '활기' 또는 '앳됨'으로 번역된다. 이슬람 국가에서 녹색은 생명을 부여하는 속성으로서 중요한 가치를 지닌다. 코란을 보면 녹색은 예언자 무함마드의 색이며 낙원에 있는 사람들은 '고운 녹색 비단의 옷'을 입고 있다.

중세 신화에서의 녹색

동화 《로빈후드》의 초기 버전에서 셔우드Sherwood 숲에 숨어 있던 로빈후드와 그 무리는 링컨 그린Lincoln green 컬러의 옷을 입고 있다. 1450년경 쓰인 로빈후드의 시나 노래는 '그들은 링컨 그린 옷을 입고 회색 옷을 벗어버렸다'라고 묘사되어 있는데, 이는 농민들이 입는 탁한 갈색과 회색의 옷보다 녹색의 옷이 더 희망적이라는 것을 강조하기 위함이다.

중세 화가들은 삼림 및 초목과 비슷하게 위장하는 방식으로 사냥꾼의 의복을 종종 녹색으로 나타낸다. 잎이 무성하게 달린 로빈후드의 녹색 의상은 그들이 셔우드 숲에 안전하게 숨어 있음을 상징한다. 그래서일까. 링컨 그린은 중세 시대에 인기를 누렸다.

'링컨 그린'이라는 이름은 숙련된 염색공이 파란색 염료통에 천을 담근 후 노란색 염료통에 옮김으로써 자연스러운 녹색을 내는 기술로 유명한 패브릭 제조 중심지 'Lincoln'에서 따왔다.

녹색은 안료와 염료를 얻기 힘든 색으로 악명이 높았다. 또한 꼭두서니, 대청 또는 인디고로 염색이 가능했던 파란색이나 빨간색의 화려한 색상에서 뒤로 밀렸다. 녹색 천은 전통적으로 양치류, 질경이, 쐐기풀, 백합과의 두해살이 풀, 오리나무 껍질 같은 식물의 천연 즙을 통해 얻을 수 있었다.

하지만 색이 빠르게 변했다. 중세 시대에는 진한 녹색을 얻기 위해 목서초(weld-황색 염료를 얻을 수 있는 식물)를 사용해 재염색하는 혼합 기술이 동원됐으나, 이러한 염료 혼합 행위는 금기시되었다. 유럽 전역의 섬유 산업에 대한 길드의 엄격한 규제는 좋은 품질과 올바른 염색 공정을 보장하기 위해 검은색 또는 파란색 염료 같은 특정 범위 내에서만 작업할 수 있도록 라이선스 제도가 운영되었다. 또한 이러한 규제가 위반되는 것을 막기 위해 염료 혼합 행위를 '악마적인 작업'으로 선언했다. 1386년 독일의 염색업자 한스 톨너Hans Töllner처럼 대청에 목서초를 혼용한 염색이 적발돼 거액의 벌금을 내거나 강제 추방당했다. 그 결과 1600년에 이르러 링컨 그린은 역사와 신화 속으로 자취를 감췄다.

목서초를 사용한 혼합 염색 금기는 15세기와 16세기 들어 완화되었다. 1500년경 컴브리아Cumbria의 켄달Kendal 타운은 염료용 식물 금작화류로 초벌하여 대청이나 인디고에 담그는 방식으로 염색된 탁한 톤의 녹색 양모를 대량 생산했다. 2세기 후, 인디고와 함께 황목재에서 뽑은 노란 염료를 혼합하여 만든 더 밝은 톤의 색슨 그린Saxon green이 탄생했다.

르네상스 화가들은 녹색 안료가 빠르게 색이 옅어지거나 갈색으로 변하는 불안정한 색이라는 사실을 알았다. 이러한 녹색의 특성상 옷감이나 물감에서 진한 녹색 톤을 내는 것 자체가 매우 어려웠기에 어느덧 녹색은 상인과 부유층의 부와 지위를 나

가브리엘 로세티의 <베로니카 베로네세>(1872)

찰스 워스의 이브닝 드레스(1887)

얀 반 에이크의 <아르놀피니 부부의
초상화(아르놀피니 결혼)>(1434)

타내는 수단으로 쓰였다. 네덜란드의 화가 얀 반 에이크Jan van Eyck의 〈아르놀피니 부부의 초상화〉에서 부인의 녹색 드레스는 가족의 부와 다산을 상징한다. 얼핏 보면 임신한 것처럼 보이는 그녀는 부를 과시하기 위해 녹색 천을 몸에 대고 있다.

반 에이크는 녹색 옷감의 질감과 광택을 표현하기 위해 오래된 구리에 달라붙어 있는 녹청을 사용했다. 일반 녹색은 다른 안료와 접촉 시 종종 갈색으로 변하므로 선명한 녹색을 오랜 시간 유지하는 기술이 필요했다. 틴토레토Tintoretto와 같은 베네치아 학파 화가들이 녹색을 얻는 데 어려움을 겪는 동안 반 에이크는 특별한 녹청을 적용함으로써 색채 마술사라는 명성을 얻었다.

죽음도 불러일으키는 에메랄드 그린

샤넬 하우스의 대표 재봉사 마담 도미니크Madame Dominique는 녹색을 좋아하지 않는다고 말했다. 그동안 녹색 의류는 엄청난 인기를 끌었지만 사실 녹색은 오랜 세월 동안 불길함을 암시하는 색으로 악마적이라는 오명까지 뒤집어썼다. 이는 스웨덴 화학자 셀레Carl Scheele가 제조한 합성 녹색인 파리 그린Paris green에 높은 함량의 비소가 섞여 있어 염색하는 사람이나 옷을 입는 사람의 건강을 해쳤기 때문이다.

1775년 비소의 특성을 연구하던 셀레는 구리 아비산염이라는 화합물을 발견하면서 녹색 염료는 극적인 전환을 맞이한다. 구리 녹반 용액에 칼륨과 백색 비소를 혼합하자 밝고 강렬한 녹색 안료를 얻을 수 있었다. 이 안료는 의류와 벽지, 조화, 에메랄드빛이 감도는 사탕과 블랑망제(우유에 과일 향이 첨가된 젤리 형태의 차게 먹는 디저트)에 이르기까지 매우 광범위한 범위에 사용되었다. 1777년 셸레는 친구에게 자신이 발견한 녹색 염료가 유독성을 포함하고 있어 광범위한 사용이 우려된다는 글을 썼지만, 상업적 가능성만 생각했던 합성염료 제조업체들은 이 경고를 무시했다. 결국 셸레는 10년 후 화학 중독으로 사망했다.

1814년 파리 그린의 뒤를 이어 또 다른 구리-비소의 합성 안료로 만든 '에메랄드 그린'이 대유행을 맞이했다. 패션에 관심 있는 여성들은 값비싼 보석처럼 반짝이는 에메랄드 그린 드레스를 입었다.

녹색은 자연 및 건강과도 연결된다. 18세기 중반부터 시작된 문학과 예술의 낭만주의 시대에 이르러 존 컨스터블John Constable 같은 예술가들은 산업혁명의 스모그가 짙은 도시 풍경에서 휴식을 얻고자 풍부하고 비옥한 녹색의 풍경을 그렸다. 사람들은 신체 활동과 신선한 공기의 이점을 깨닫고 풍요로운 녹색은 마음을 진정시키는 색상으로 인식하게 되었다.

19세기 중반에 유행한 패션은 과일과 꽃이 잎사귀에 가득 달린 정교한 머리 장식용 화환이었다. 이는 36세의 빅토리아 여왕이 촉발한 트렌드였다. 당시 궁정 예술가 프란츠 자버 빈터할터 Franz Xaver Winterhalter가 나뭇잎과 꽃으로 장식된 화환을 수채화로 그린 후 벌어진 현상이다.

너도나도 원하는 녹색 화환 장식의 높은 수요를 맞추기 위해 비좁은 공방에 수천 명의 노동자가 고용되었다. 녹색 염료를 취급하던 노동자들은 손가락과 팔에 피부병이 생기고 메스꺼움, 빈혈 및 심한 두통으로 고통받았다. 그리고 녹색 드레스를 입은 우아한 자태의 여성의 목선과 어깨는 물론 천이 닿은 모든 부위에서 피부 트러블이 나타났다. 치명적인 것은 옷뿐만이 아니었다. 1858년 웨스트요크셔주 브래드퍼드Bradford의 시장 가판대 상인 '험버그 빌리Humbug Billie'가 판매한 비소가 함유된 녹색 사탕을 먹고 21명이나 사망했다. 또 다른 비극은 런던의 조화 제작자인 마틸다 슈어러Matilda Scheurer의 사망이었다. 그녀는 유행하던 화환 머리 장식에 녹색 가루를 뿌려 더욱 환한 색상으로 빛나게 하는 일을 하고 있었다. 1861년 "그녀는 눈 흰자위는 물론 눈동자도 녹색을 띠었고, 녹색 물을 토해냈다. 그녀가 쓰러지는 순간 내장 기관의 모든 움직임이 정지되었고, 입과 코에 거품이 일었다."라고 공개되었다.

유사한 사례가 많아지자 의료진은 녹색으로 염색된 직물과 벽지에서 높은 수준의 비소가 함유되어 있음을 그제야 발견했다. 1862년 2월《펀치》매거진은 무도회장에 〈비소 예술가 프란츠 자버 비윈터할터: 새로운 죽음의 춤〉이라는 두 편의 해골 만화를 붙여 녹색 공포를 풍자했다. 《펀치》의 또 다른 풍자 기사에는 "우리는 녹색 옷을 입은 여성과 왈츠나 폴카를 춘 남자 역시 녹색이 되리라 생각한다. 사실상 녹색 드레스를 입은 여성의 등에 '위험해!' 혹은 '독을 조심해!'라는 경고성 문구를 빨간 글씨로 수놓아야 한다."라는 글이 게재됐다. 녹색 옷을 입은 여성들에게 주홍 글씨를 새겨야 한다는 제안이다.

1860년대 나폴레옹 3세의 아름다운 황후 유제니는 가장 세련되고 아름다운 사람이었다. 1863년 9월 파리 오페라 공연에 그녀는 'vert Guignet' 또는 영어로 'viridian'으로 알려진 새로운 무독성 아닐린 기반의 에메랄드 그린 실크 드레스를 입고 등장했다. 머리에 뿌린 금가루 장식은 다음 날 아침이 되어도 색의 활력이 그대로 살아 있었다. 그리고 가스등 아래에서 더욱 화려한 빛을 발한 그녀의 녹색 드레스는 찬란했다. 화사하면서도 인체에 해가 없는 안전한 녹색은 파리와 런던의 모든 여성이 탐하는 색이 되었다.

영국 패션 디자이너 찰스 워스Charles Worth는 1864년과 1875년 사이 놀라울 정도로 세련된 상류층 옷을 제작했다. 야회복을 비롯하여 비소가 없는 염료로 만든 풍부한 녹색을 자랑하는 그의 옷은 샤르트뢰즈(연초록) 실크 보디스(중세 여성용 드레스의 몸통 부분), 치마받이 틀 및 옷자락이 특징이다. 그러나 많은 여성이 인체에 더 안전한 방식으로 염색된 녹색보다 훨씬 저렴하고 더욱 생동감 넘치는 '비소' 그린을 포기하지 못했다.

한편, 유독성의 위험한 환경에서 일하는 공장 노동자를 보호하기 위해 '여성위생협회Ladies' Sanitary Association'가 설립되었다. 사회 개혁가들은 노동자 보호 캠페인을 벌였다. 미술공예운동 Arts and Crafts movement의 창시자인 윌리엄 모리스William Morris는 합성 염료를 포함해 기계를 이용한 대량생산을 거부하고 향수를 불러일으키는 과거의 천연 식물 기반 염료의 회귀를 추구했다. 그의 복잡한 패턴은 암녹색인 오드닐 그린에서부터 풍부한 에버그린까지 녹색 위주의 팔레트를 기반으로 만들어졌으며, 모두 자연에서 영감을 받았다.

모리스는 1881년 영국 남동부의 서리Surrey에 위치한 머튼 애비 밀스Merton Abbey Mills 직물 공장을 사들여 전통적인 광물과 식물성 염료를 사용하여 직물과 벽지를 제작하였다. 이는 최신 합성물을 피하기 위함으로 추정된다. 그는 머튼 공장으로 방문객을 초대하여 대청이 담긴 나무통에 양모를 담근 후 목서초가 담긴 통으로 옮겨가며 양모가 풀색에서 진한 녹색과 파란색으로 변해가는 전통적인 염료 혼합 방식을 보여주곤 했다.

하지만 2003년 애버딘대학 연구원 앤디 메하그Andy Meharg는 1864년에서 1875년 사이 생산된 모리스의 벽지 샘플에서 비소의 흔적을 발견했다. 모리스는 당시 최대의 비소 생산업체를 경영하던 아버지 회사 데본 그레이트 콘솔스Devon Great Consols의 주주로 녹색 염료의 위험을 잘 알고 있었다. 그러나 그는 대중의 우려를 일축하고 "의사들이 마녀 열병에라도 걸린 듯 제대로 판단하지 못하는 것 같다."라고 말했다. 어찌 됐든 그가 고수한 천연 염료는 당시 런던 최고의 응접실을 장식했던 소용돌이 무늬의 덩굴과 나뭇잎 무늬 벽지에 충분히 밝은 녹색을 구현해낼 수 없었다.

녹색의 독성에 대한 두려움은 더 안전한 염료를 발명하려는 지속적인 노력으로 이어졌다. 그 결과 1890년 무렵에는 블록 색상이나 선명한 줄무늬 등 어디에서나 쉽게 녹색을 볼 수 있게 되었다. 1892년 파리의 오트쿠튀르 하우스 로비나Robina에 나온 녹색과 분홍색 줄무늬의 검은색 실크 보디스와 스커트는 현재 시카고 미술관 소장품 중 하나로서, 당시 유행하던 녹색에 대한 열정을 보여준다. 1892년《레이디스 홈 저널Ladies' Home Journal》은 "이 계절의 모든 것은 레이스, 리본, 그리고 흑옥으로 장식되어야 한다. 나일강에서부터 이끼에 이르기까지 모든 녹색 빛 색조가 파리를 물들이고 있다."라고 실었다.

비소 그린은 역사 속으로 사라졌지만 1877년에 처음 화학적으로 합성된 말라카이트 그린은 살아남았다. 앨리슨 매튜스 데이비드Alison Matthews David의 저서《패션의 흑역사》에 따르면, 오늘날 사용되는 가장 인기 있는 녹색은 말라카이트 그린이다.

구리에서 유래한 말라카이트는 19세기 내내 페인트 원료로 사용되었으며 직물과 가죽을 착색하는 염료로도 사용되었다. 말라카이트 그린 섭취 시 인체에 해롭다는 연구 결과가 나오면서 북미와 유럽연합에서 음식에는 사용이 금지되었다.

압생트Absinthe와 녹색 요정

인상주의 화가 앙리 로트렉Henri de Toulouse-Lautrec이 물랑루즈의 테이블에 앉아 화려한 옷을 입은 무용수들과 괴짜 손님들의 모습을 스케치하고 있었다. 그는 여러 잔의 압생트(쑥으로 숙성시킨 녹색의 독주)를 마시며 술의 힘을 빌린다. 압생트에 코냑을 섞어 마시기도 하고 밀키한 녹색의 압생트에 플람베 설탕 큐브를 천천히 적셔 가며 음미하기도 했다. 술에 취해 정신이 몽롱해진 로트렉은 압생트를 마시는 사람들에게 찾아온다는 에메랄드 드레스를 입은 녹색 요정에게 홀리곤 했다.

알메트 마냥Albert Maignan의 그림 〈녹색 요정〉에도 등장하는 녹색 요정은 녹색으로 도배된 압생트 광고 포스터에 결코 빠질 수 없는 존재였다. 벨 에포크(제1차 세계대전 이후의 평화로운 시대, 일명 '좋은 시대')의 초라한 파리의 모습을 주로 포착했던 로트렉에게 압생트는 마치 마법의 힘처럼 독창성을 발휘하게 했다. 그는 "나에게 초록색은 악마의 유혹 같은 존재이다."라고 말했다.

녹색이 유럽 전역에서 악마와 악마의 피조물과 관련되기 시

압생트 광고(1895)

타마라 렘피카의 <장갑을 낀 젊은 여
인>(1930)

작한 것은 12세기부터였다. 그 이전에 사탄은 어두움을 나타내는 검은색과 불을 나타내는 빨간색으로 무시무시하게 표현되었다. 그러나 마이클 파허Michael Pacher의 15세기 그림 〈성 볼프강과 악마〉에서 악마는 위협적인 녹색 피부로 묘사된다. 색채 분야의 최초 국제적 전문가인 미셸 파스투로Michel Pastoureau의 2014년 녹색에 관한 연구에는 다음과 같은 16세기 속담이 언급되어 있다.

"회색 눈은 천국으로, 검은 눈은 연옥으로, 녹색 눈은 지옥으로 간다."

19세기 후반 파리의 몽마르트르와 피갈Pigalle 지역에는 압생트가 넘쳐났다. 사람들을 취하게 할 뿐만 아니라 거의 미쳐 날뛰게 만드는 초록 요정 압생트는 이 지역의 시그니처 술답게 강력한 힘을 발휘했다. 쑥, 아니스 씨(향미료로 쓰이는 풀), 회향 및 야생 마저럼(말려서 허브처럼 쓰이는 식물)을 증류하여 제조된 압생트는 초기에는 보헤미안파, 빈센트 반 고흐나 폴 고갱과 같은 예술가들 사이에서 주로 소비되었으나, 1870년대에 이르러 주류 소비의 90%를 차지했다.

초저녁이 되면 허브 향이 파리 전역을 감쌌다. 로트렉 같은 벨 에포크 시대 예술가들은 아르누보 포스터와 팸플릿에 도시 하층민의 삶을 묘사함으로써 새로운 형태의 예술을 창조해냈다. 이 시기 압생트 광고는 초록 요정뿐 아니라, 붉은 머리 여성들이 르네상스 스타일의 녹색 드레스를 입고 압생트 잔을 들어 올리고 있는 모습을 담고 있다. 이는 퇴폐와 방탕함의 상징이었다. 빈센트 반 고흐의 〈밤의 카페 테라스〉는 녹색과 녹색의 보색인 빨간색에서 영감을 받았다. 고흐는 이렇게 말했다.

"나는 인간의 지독한 열정을 빨강과 초록으로 표현하려고 노력했다. 어디서든 가장 극명하게 다른 빨간색과 녹색은 서로 전투적일 정도로 대조적이다."

라파엘 전파 화가이자 미학자 단테 로제티Dante Gabriel Rossetti의 그림 속 빨간 머리 여성은 압생트 포스터의 여성과 유사하다. 아르누보 이미지가 르네상스 시대를 기반하듯 로제티의 모델들은 〈베로니카 베로니즈〉의 알렉사 와일딩Alexa Wilding처럼 풍성한 볼륨이 드러난 연회녹색 드레스를 입고 있다. 윌리엄 모리스William Morris의 아내 제인 모리스Jane Morris는 로제티의 뮤즈이자 연인이었다. 그의 그림 〈백일몽〉에서 제인 모리스의 헐거운 녹색 드레스는 주변의 자연과 하나가 되며 그녀에게 초록빛 관능을 불어넣는다.

압생트의 악명과 불법은 곧 녹색의 위협으로 간주되어 도덕적 공황의 중심에 놓였다. 1868년 5월 〈더 타임스〉는 중독과 죽음을 초래하는 '에메랄드빛 독'에 대해 경고했다. 제1차 세계대전이 발발하자 프랑스는 효율적이고 유능한 병력이 유지되도록 압생트 판매를 전면 금지했다. 녹색의 압생트가 유럽 전역에

서 악마화되어 가는 바람에 오랫동안 독, 위험 및 성sex과 관련
되었던 녹색의 이미지는 더욱 부정적으로 다가왔다. 1925년 잔
느 랑방Jeanne Lanvin의 도발적인 샤르트뢰즈(연초록)의 짧고 소매
없는 플래퍼 드레스의 등장은 1920년대의 이미지를 더욱 퇴폐
적으로 만들었다.

유혹, 사랑, 그리고 속죄

녹색은 격렬한 사랑과 부정행위를 나타내기도 했다. 영국 민
요 〈그린슬리브스Greensleeves〉는 성적으로 문란한 여성 그린슬
리브스에 관한 내용이다. 그녀의 녹색 드레스는 그녀가 매춘부
임을 암시한다. 고대 중국에서 매춘부의 남편은 녹색 두건을 착
용해야 했다. 여기서 '녹색 등불 가족'이라는 표현이 생겨났다.
그러한 경멸적인 의미 때문에 중국에서는 녹색 모자의 착용을
꺼리는 편이다.

또한 녹색은 짙은 관능미를 표현하기도 한다. 타마라 렘피카
Tamara Lempicka의 〈장갑을 낀 젊은 여인〉에 묘사된 에메랄드그
린 드레스는 주인공의 몸매를 그대로 드러내며 관능미를 한껏
고조시킨다. 녹색 옷을 입은 제니퍼 로페즈를 생각해보라. 앞부
분은 배꼽까지 과감하게 훅 파였으며, 무성한 정글 프린트는 젊
음을 강조하고 속이 비치는 얇은 천은 관능미를 발산한다. 이를
본 많은 사람이 매력적으로 자신을 드러내기를 위해 로페즈의

<어톤먼트>의 키이라 나이틀리(2007)

그래미 시상식에서 베르사체의 드레스를 입
은 제니퍼 로페즈(2000)

드레스를 찾아 헤맸다.

최근 가장 많이 언급된 녹색 드레스는 2007년 영화 〈어톤먼트〉에서 키이라 나이틀리가 입은 에메랄드 그린 컬러의 새틴 드레스이다. 이 드레스는 1930년대 위험할 정도로 섹시한 스타일을 뽐냈던 여배우 진 할로우Jean Harlow를 떠올리게 한다. 몸 위를 스쳐지나가는 듯한 녹색의 실크 드레스는 등 부분이 척추 밑까지 훅 파여 있다. 이는 전쟁 전의 1930년대 여름밤을 '완벽하게' 추억하게 하는 드레스였다.

이안 매큐언Ian McEwan의 원작 소설에서 주인공 세실리아는 옷장에서 드레스를 꺼내다 손에서 놓쳐 옷자락이 바닥에 닿는다. 작가는 그 드레스를 입은 주인공의 모습을 '인어'라고 표현하며, 운명적인 분수대 앞 장면에서부터 세실리아의 비극적인 익사 장면에 이르기까지 녹색을 이야기 속의 주제인 물과 연결시킨다.

궁극적으로 〈어톤먼트〉의 드레스는 흠잡을 데 없던 과거에 대한 갈망과 현재의 유혹을 모두 나타낸다. 이 영화의 의상 디자이너인 재클린 듀란Jacqueline Durran은 인터뷰에서 이렇게 말했다.

"저는 녹색을 유혹으로 생각합니다."

녹색은 에덴동산의 뱀이 하와를 유혹하여 사과를 먹게 함으로써 사람을 타락시키는 색이다. 또한 《오셀로》에서 셰익스피어가 '녹색 눈의 괴물'이라 표현한 것처럼 질투와 관련된 색이기도 하다. 중세 시대, 녹색 눈은 배신자, 매춘부, 마녀 등 부정적인 인물을 묘사했다. 유다와 데릴라 같은 성경 속 이중적 인물들은 연극과 그림에서 종종 녹색으로 표현되었다.

녹색은 물을 대표하며 그곳에 잠복해 있는 위험을 암시한다. 동화《개구리 왕자》에서 녹색 개구리는 정욕의 상징이자 능글능글한 태도를 보인다. 물기 가득한 녹색 물고기 꼬리를 가진 반쪽 여인 사이렌siren은 선원들을 죽음으로 유인한다. 물의 요정과 기사의 사랑을 다룬 중세 이야기 〈온딘〉의 주인공은 마치 다른 세계에서 온 유령처럼 해초에 흠뻑 젖은 녹색 옷을 입고 있다.

녹색은 라파엘 전파 화가들에게도 사랑받았다. 에드워드 번존스 경Sir Edward Burne-Jones의 〈녹색 여름〉에는 요정들이 연한 톤의 녹색 옷을 입고 있다. 존 에버렛 밀레 경Sir John Everett Millai의 〈오필리아〉에서는 생명과 성장을 상징하는 녹색이 물에 잠긴 채 죽어가는 오필리아와 대조를 이룬다. 이는 〈어톤먼트〉의 비극적인 익사 장면과 매우 유사하다.

녹색은 부패를 나타내기도 한다. 기네스 펠트로가 영화 〈위대한 유산〉에서 입은 모든 의상은 알폰소 쿠아론Alfonso Cuarón 감독의 마음을 사로잡은 녹색 톤이다. 영화 의상 디자이너 도나 카란Donna Karan은 펠트로에게 녹색 벨벳 드레스와 모스 그린 카디건과 치마를 포함한 여러 그린 의상을 제공했다. 그린은 미스 하비샴Miss Havisham의 저택처럼 독성이 있고 부패해 있으며, 주인공 에스텔라Estella의 신뢰할 수 없는 모습을 나타낸다.

그린라이트와 아메리칸 드림

소설 《위대한 개츠비》에서 닉Nick은 제이 개츠비Jay Gatsby가 부두 끝 녹색 불빛을 향해 손을 뻗는 것을 본다. 녹색 빛은 개츠비가 그토록 갈망하는 데이지를 향한 마음과 아메리칸 드림을 성취하려는 열망이다. 녹색은 영화나 책의 수많은 장면에서 소원 성취와 꿈을 추구하는 판타지적 요소를 나타낸다.

〈라라랜드〉의 엠마 스톤은 그리피스 천문대의 반짝이는 별을 배경으로 라이언 고슬링과 함께 춤을 추는 장면에서 짙은 녹색(에버그린) 드레스를 입고 있다. 시나리오 작가는 이들이 〈별들의 도시City of Stars〉를 함께 부를 때 얼굴을 비추는 초록빛이 스타덤을 향한 그들의 열정을 상징하기에 대본에 드레스 색깔까지 구체적으로 언급해 두었다고 한다.

영화 〈사랑은 비를 타고〉에서 데비 레이놀즈Debbie Reynolds는 '브로드웨이 멜로디' 장면에서 압생트 컬러의 플래퍼 드레스와 하이힐을 선택했다. 섬세한 판타지적 표현으로 꿈을 좇는 젊은이와 손에 잡히지 않는 유혹자 카리스에 대한 13분짜리 발레가 이어지는 장면이다. 카리스의 녹색 드레스는 루비-레드 빛

배경, 켈리의 노란색 조끼, 댄서들의 핑크와 오렌지색 드레스와 매우 대조되어, 잡히지 않는 유혹자인 그녀가 켈리를 스타덤으로 이끄는 과정에서 뻗치는 부정적인 성적 유혹을 나타낸다.

노란색이 가미된 녹색 오드닐Eau de Nil은 할리우드 황금시대의 퇴폐적 분위기를 정의한다. 1920년대 아르데코 운동은 동양 예술의 이국적인 면에 주목했고 나일강 흙빛이 도는 물과 고대 이집트의 옷에 영감을 주었다. 녹색 시폰에 금박 화살을 꿰어 만든 폴 푸아렛의 1925년 디자인 '황금 화살' 드레스는 이집트의 영향력을 완벽하게 표현했다. 할리우드에서 인기를 끈 오드닐 컬러는 1934년 영화 〈클레오파트라〉의 여주인공, 클로데트 콜버트Claudette Colbert의 영화 의상에도 사용되었다. 영화 의상 디자이너 트래비스 밴튼Travis Banton은 오드닐 컬러의 새틴 쉬머링 드레스를 과감히 바이어스 커팅 처리하고 소매 부분을 극적으로 떨어지도록 디자인해 아르데코 패션을 시도했다. 비록 진짜 클레오파트라의 모습을 표현하지는 못했을지라도 관객들은 이 드레스에 매료되었고, 수많은 모방 디자인을 등장시켰다.

알프레드 히치콕 감독은 영화 의상의 색채 중요성을 매우 잘 안다. 오드닐 컬러는 특히 그가 좋아했던 색이었다. 여주인공의 금발을 보완하는 것은 물론, 스크린에서 긴장이 감도는 순간 관객의 주의를 분산시키지 않는 중립적인 색이기 때문이다. 그러기에 그의 영화 〈새〉의 의상 디자이너 에디스 헤드Edith Head는 여주인공 티피 헤드런Tippi Hedren의 연녹색 드레스와 재킷을 만들어야 했다. 액션이 전개될수록 오드닐 컬러는 제 역할을 발휘했다. 또한 헤드는 영화 〈이창〉에서 여성 사업가로 변신한 그레이스 켈리에게 입힐 오드닐 색 정장을 디자인하면서 이렇게 말했다.

"영화 내용상 특별한 이유가 없다면 우리는 최대한 튀지 않는 색을 사용합니다. 히치콕 감독은 색깔이 중요한 액션 장면을 훼손할 수 있다고 생각합니다. 그는 실제로 거의 예술가처럼 색상을 사용하며 특정 분위기에서는 부드러운 녹색과 시원한 색상을 선호합니다."

히치콕은 영화 〈현기증〉에서 상징적 효과를 위해 녹색을 충분히 활용하였다. 제이드 그린(청록)색은 스코티Scottie의 상상 속 유령처럼 따라다니는 마들렌Madeleine의 신비로운 캐릭터를 대변한다. 마들렌의 에메랄드그린 망토는 붉은색 벽지로 도배된 레스토랑의 색상과 강렬히 대비된다. 마치 반 고흐의 〈밤의 카페〉에서 느껴지는 색의 대비를 보는 것만 같다. 치밀한 계획으로 마들렌 행세를 해온 주디Judy는 스코티와 만나는 장면에서 모스 그린 스웨터와 치마를 입고 있다. 이는 관객들과 스코티로 하여금 마들렌의 모습을 떠올리게 한다. 스코티가 집착해 주디를 마들렌으로 변신시키자 호텔 창문을 통해 들어온 초자연적인 녹색 빛이 그녀를 감싼다. '녹색 빛-유령과 악당의 등장을 알리는 녹색'으로 활용된 런던을 히치콕이 애틋하게 담은 장면이다.

히피족부터 밀레니얼 세대까지

1972년 아폴로 17호는 성공적으로 달에 착륙했다. 승무원들은 '블루 마블'로 알려진 지구를 사진 찍어왔다. 이는 사람들이 진정으로 아름다운 지구의 푸른빛을 감상하는 최초의 순간이었다. 같은 해, '파도방지위원회Don't Make the Waves Committee'라는 단체가 '그린피스'로 이름을 바꾸고, 영국의 녹색당이 공식적으로 출범하여 정치 운동에 녹색이 쓰이기 시작했다. 1960년대 후반과 1970년대 초반 미국과 유럽을 휩쓴 히피 하위문화는 시민권을 위해 싸우고 환경 문제를 전면에 내세우라는 경종이었다.

1969년에 발생한 엄청난 기름 유출 사고로 캘리포니아 남부 해안이 황폐화되었으며, 영국에서 발생한 파업으로 인해 정전이 발생하고 거리에는 쓰레기가 쌓였다. 도시가 스모그로 뒤덮이고 유해 폐기물의 위험성에 대한 보고가 점점 더 일반화되면서 1970년대는 환경 인식의 변화로 이어졌다. 이러한 생태학적 우려는 사람들이 자연 세계의 가치를 생활에서도 소중히 여기게끔 만들었으며, 흙이나 땅의 색과 같은 자연 색상이 디자인 미학에도 큰 영향을 미치게 되었다.

1970년대에는 아보카도 그린 색상을 어디에서나 볼 수 있었

영화 <사랑은 비를 타고>(1952)의 진 켈리와 시드 카리스

영화 <새>(1963)에서 멜라니 다니엘역의 티피 헤드렌

영연방의 날 행사에서 메건 마클(2020)

다. 복고풍 취향으로 알려진 악명 높았던 욕실 인테리어뿐만 아니라 로라 애슐리Laura Ashley의 꽃무늬 스모크 드레스에서부터 마크앤스펜서의 치마와 블라우스에 이르기까지 패션과 디자인에도 빠지지 않고 등장하였다. 1972년 11월 판《글래머 매거진》은 올리브색 스키 바지를 비롯한 포레스트 그린색 운동복과 스키 재킷을 입은 모델들의 모습을 담아냈다. 그 메시지는 분명했다. 녹색은 생명과 위대한 자연을 포용하는 색이란 것!

한때는 유행이 지난 것으로 여겨졌던 아보카도 과육의 옅은 녹색은 밀레니얼 힙스터millennial hipster의 상징으로 이미지를 달리했다. 사람들은 아보카도 토스트에 대한 사랑을 인스타그램에 기록으로 남겼고, 2020년에는 미국에서만 62억 5천만 개의 아보카도가 소비되었다. 하지만 건강에는 좋으나 농사 과정이 논란에 휩싸인 아보카도는 젊은이들의 경박함을 보여주는 상징으로 전락했다. 실제로 영국 〈데일리 메일〉은 서식스 공작부인 메건 마클의 아보카도 사랑을 예로 들며, 아보카도 농사가 삼림 벌채와 인권 유린을 부채질한다고 비난했다. 어쩌면 마클이 왕실의 고위직으로 마지막 참석한 2020년 3월 영연방의 날, 광택이 나는 그린색 망토 드레스와 그린색 모자를 쓰고 등장한 것은 자신을 빈정거린 비평가들에 대한 복수의 일환이었을지도 모른다.

아보카도의 밀레니얼 인기와 '멸종 반란Extinction Rebellion'과

마이애미에서 월드 투어 공연을 하고
있는 빌리 아일리쉬

발렌티노 A/W 오트쿠튀르(2019/2020)

같은 국제 운동 단체가 주도하는 환경에 대한 관심 덕분에 올리브 그린, 연녹색, 산들바람 같은 피스타치오색과 라임색이 2010년대 패션을 장식했다. 인스타그램에 가득 찬 실내 식물이나 키치 정글 프린트의 인테리어 이미지는 도시 생활과 지구 환경에 대한 염려 속에서 자연을 실내로 들여오려는 인간의 욕구를 드러낸다. 소비자들은 환경 문제에 더 많이 투자함으로써 정치적 격변의 스트레스에서 휴식을 찾고자 했다.

페퍼민트 차의 여유로움처럼 진정 효과가 있는 녹색은 디자이너들의 팔레트를 지배하기 시작했다. 발렌티노는 '2019/2020년 가을/겨울 컬렉션'에서 정교한 머리 장식이 달린 그린색의 여신 드레스와 금속핀 장식의 포레스트 그린 망사 드레스를 선보였다. 2020년 봄, 마크 제이콥스는 화환 장식을 보는 듯한 꽃 머리 장식의 녹색 플라스틱 코트를 선보였는데 히치콕 영화 속 의상인 패럿 그린parrot-green 컬러를 연상케 했다. 2019년 8월, 가수 빌리 아일리시Billie Eilish가 슬라임 그린 컬러의 머리와 오버사이즈 핏의 옷을 입고 등장하자 《배니티 페어》 8월 판에는 다음과 같은 글이 실렸다.

"그 모든 역경을 거치고도 의류, 헤어 염색, 미용 제품에서 슬라임 색은 몇 년 동안 꾸준히 인기를 유지해왔습니다. 사람들은 이 색을 '독성 녹색', '슈렉 코어', 아니면 '외계의 시크'라고도 부르죠."

이러한 녹색의 부활을 반영하여 2013년 팬톤은 '에메랄드'를 '올해의 색'으로 선정했다. 2017년에는 '신선하고 활기찬 옐로그린 색조'이자 '깊게 심호흡하여 산호를 들이마시게 하고 새로운 힘을 되찾게 하는 색'이라고 찬사를 보내며 '그리너리Greenery'를 선정했다.

모던 라이프를 추구하면 할수록 인간은 자연계의 물리적 아름다움과 그것이 내포한 통일성에 더욱 몰입한다고 팬톤은 덧붙였다. 사실 이는 수 세기 동안 이어져 온 명백한 진실이다. 모든 함축성과 복잡성을 내포하고 있는 녹색은 현실의 억압으로부터 쉼이 필요한 사람들이 가장 많이 찾는 휴식과 같은 색감이다. 번잡한 도시를 떠나 자연의 아름다움 속으로 탈출할 수 있는 창구이다.

영화 <사랑 그리고 독신녀>
(1964)의 나탈리 우드

디자이너 로베르토 카발리Roberto Cavalli의 머스타드 옐로 주름치마를 입은 비욘세가 야구 방망이를 들고 맨발로 거리를 나선다. 바람을 피운 파트너를 향한 복수심에 불탄 그녀는 자동차와 상점의 유리창을 마구 부수고 다닌다. 드라마 〈레모네이드〉의 뮤직비디오 〈홀드업Hold Up〉에 등장한 이 장면에서 노란색은 그녀의 긍정적 태도를 나타냄과 동시에 화면 속에서 그녀를 더욱 돋보이게 한다. 비욘세의 노란색 원피스는 강렬하면서도 달콤한 색조인 노란색의 패션계 귀환을 촉발했으며, 주로 행복한 감정과 연결되던 노란색에 반전의 이미지를 부여하였다.

YELLOW

노랑은 주목받기를 좋아한다. 자신이 있는 곳에서 빛을 발하며 늘 주위의 시선을 잡아 끈다. 자신을 뽐낼 줄 알고 남들보다 독보적으로 환하게 피워낼 수 있다. 그만큼 당당하고 자신감 넘치는 색이라 할 수 있다. 주위의 어떤 색보다 근사하게!

노란색은 꽃잎을 활짝 피고 햇볕을 정면으로 받는 해바라기나 1990년대 광란의 포스터 또는 티셔츠에 인쇄된 형광노랑빛 스마일 페이스와 같이 여름날과 낙관주의를 연상케 한다. 영화 〈라라랜드〉에서 밤하늘의 보라색과 파란색 배경 속에 펼쳐지는 엠마 스톤의 노란색 원피스, 인스타그램의 필터 처리된 햇빛 이미지, 또는 팬톤이 선정한 2018년 Z세대 대표 컬러인 달걀노른자 톤의 노란색을 생각해 보라.

연한 미색의 목련, 버터, 레몬에서부터 해바라기, 사프란, 겨자, 형광에 이르기까지 노란색은 감정과 직접적인 상관관계가 있다고 여기는 심리학적인 원색이다. 노란색은 자극적이면서도 낙관적인 감정을 북돋울 수 있지만, 압도적이기도 하며 부정적인 의미를 가질 수도 있다. 긴 파장을 가진 노란색은 우리 눈에 가장 먼저 보이기 때문에 도로나 건설 현장에 배치되어 확실한 주목 효과를 내며, 매우 실용적으로 활용되기도 한다.

많은 문화권에서 노란색은 태양과 황금을 상징하는 색이었으며, 생명을 주는 힘과 부를 상징하는 화려함을 의미하기도 했다. 로마인들에게 노란색은 꿀과 벌, 그리고 잘 익은 곡식의 색을 의미했다. 수확과 풍요의 여신인 세레스Ceres는 종종 노란 드레스를 입고 금발에 밀 왕관을 쓴 모습으로 묘사된다.

인도의 여신 가우리Gauri를 기리기 위한 새해맞이 축제이자 사랑의 축제인 강가우르Gangaur가 다가오면 인도 전역에 노란색 물결이 일렁이는 듯하다. 노란색 사리(인도 전통 의상)는 종종 봄의 도착을 알리는 길조를 의미한다. 태양, 성장, 번영을 상징하는 노란색은 눈부시게 반짝이는 따뜻한 이미지를 갖고 있으며, 빛이 어둠을 가르고 밤의 악을 파괴하듯이 긍정적인 힘을 의미하기도 한다.

그러나 그 가시성 때문에 역사상 가장 파괴적이고 혐오스러운 상징물에도 사용되었다. 바로 유대인의 노란별이다. 제2차 세계대전 중 나치는 독일과 점령 지역의 유대인에게 노란색 다윗의 별을 옷에 착용하도록 강제했다. 이는 유대인을 게토로 옮긴 후 최종적으로는 강제 수용소로 보내기 위한 서곡으로서, 신분 확인과 분리 작업의 수단으로 활용됐다. 노란색이 두려움과 박해를 상징하는 순간이었다. 괴테는 노란색을 향해 다음과 같이 말한 바 있다.

"노란색은 밝고 부드럽고 유쾌한 색이지만 빛이 약하면 금세 불쾌해지며 조금만 많아지면 더럽고 추하고 재미없어진다."

노란 비단과 국화

리한나는 '중국: 거울을 통해'라는 주제로 열린 2015년 멧 갈라 행사를 위해 중국인 디자이너 Guo Pei가 만든 거대한 16피트(4.8미터)짜리 모피 망토가 달린 노란색 실크 드레스를 선택했다. 드레스와 망토가 마치 오믈렛 같다며 사람들의 입에 오르기도 했지만, 중국 역사에 대한 진중한 해석이라고 찬사를 보낸 사람이 더 많았다. 패션과 예술계 인사가 대규모로 숙청당한 문화대혁명 말기에 활동을 시작한 이 중국인 디자이너는 중국의 풍부한 전통을 드레스에 담았다고 했다. 그녀는 진주로 수놓은 상서로운 용과 문화대혁명 당시 폐쇄된 공장에서 발견된 비단 꽃을 복원하였다. 수 세기 동안 높은 지위를 상징했던 노란색을 압도적으로 사용한 것이다.

1903년 뉴올리언스의 화가 캐서린 오거스타 칼Katharine Augusta Carl은 서태후의 초상화를 그렸다. 초상화 속 그녀는 어두운 색의 벽에 걸린 짙은 마호가니 색상의 거울 앞에 노란색 실크 드레스를 입고 당당하게 앉아 있다. 색의 대비가 확연히 느껴지는 작품이다. 자신을 해외에 알리고자 했던 서태후는 칼이 그린 이 초상화를 1904년 세인트루이스의 세계 박람회에 전시했고, 이후 시어도어 루스벨트 대통령에게 선사했다.

고대 중국에서 노란색은 철학, 의학 및 풍수에 사용된 오행론의 오색 중 하나였다. 지구를 상징하기도 하는 만큼 가장 귀한 존재로 여겼던 노란색은 금과 부, 태양의 빛, 장수와 건강의 상징하는 국화꽃의 색이기도 하다. 청 왕조와 같은 특정 시대에는 황제와 황후만이 입을 수 있는 귀한 색으로 대접받았다. 1760년부터 1766년까지의 황실 기록《Huangchao liqi tushi》에 따르면, 밝은 노란색은 황제와 황후의 용의와 예복에만 사용할 수 있었고, 왕세자는 살구색, 그 외 왕자들은 황금색 옷만 입을 수 있었다.

중국을 중앙집권 국가로 만든 5명의 전설적 황제 중 첫 번째 황제 'Gongsun Xuanyuan'은 중국 문화의 중요한 측면을 확립했다. 그의 황후 Lei-Tzu는 차를 마시던 중 찻잔에 떨어진 고치 뭉치를 꺼내다 우연히 비단실을 발견한다. 이 비단실로 짠 실크는 고대 중국의 귀한 상품이었기에 짜는 방법은 철저히 기밀로 유지되었다. 누에고치에서 비단을 수확하는 '양잠' 또한 매우 비밀스러운 기술로 다른 문명에서 비법을 알아내려 애를 쓰기도 했다. 상 왕조(기원전 1600-1046년) 시대에 이르러 비단은 종교의식과 제사에 중요한 부분을 차지했고, 황후는 궁궐 내 누에 농장을 직접 감독하기까지 했다.

황색 안료 및 염료

노란색은 자연에서 흔히 볼 수 있는 색상 중 하나이다. 현존하는 가장 오래된 직물은 기원전 3~4천 년경 인더스 계곡에서 발견된 빨간색이지만 직물을 노랗게 물들이는 식물의 수를 감안하면 노란색이 더 일찍 사용되었을 가능성이 크다.

기원전 2천 년경 고대 메소포타미아인들은 석류에서 노란색 염료를 추출했다. 으깬 나뭇잎과 잔가지에서 추출한 옻나무를 사용하여 가죽을 황갈색으로 염색하기도 했다. 유럽과 북아메리카 초원에서 발견되는 관목 금작화는 9세기부터 11세기까지 영국뿐만 아니라 바이킹들에 의해 노란색 염료로 사용된 것으로 보인다. 13세기부터 19세기까지 프랑스와 독일에서도 각종 나무가 노란 염료를 얻기 위해 사용되었다.

합성염료가 발명되기 전 가장 풍부한 색감을 자랑하는 값비싼 노란색은 손으로 딴 사프란에서 얻었다. 사프란은 마치 금으로 된 천 마냥 반짝이는 풍부한 황금색을 제공했다. 노란색과 주황색 염료 중 가장 값지고 비싼 것 중 하나로 알려진 사프란의 색과 향신료는 사프란의 길고 얇은 암술머리에서 추출된다.

사프란은 고대 그리스에서 야생화로 처음 수확되었는데 최소 5만 년 전 메소포타미아의 동굴 예술과 그리스 산토리니섬의 미노아 아크로티리 정착지의 벽화에서 그 흔적이 발견되었다. 미노아 아크로티리 정착촌의 프레스코화에는 여신의 지도를 받으며 사프란을 따고 있는 여성과 원숭이의 모습이 담겨 있다.

고고학자들은 향수, 화장품 제조는 물론 직물 염색에도 사프란이 독점적으로 사용되었음을 밝혀냈다. 사프란 수확을 주로

<퐁파두르 부인의 초상화>(1848)

제78회 아카데미 시상식에서 미셸 윌리엄스 (2006)

메트 갈라 행사에서 구오 페이의 옷을 입고 있는 리한나(2015)

여성들이 했기에 사프란에서 추출한 색상은 여성스러운 색으로 간주되었다. 고대 그리스 여사제와 높은 지위의 여성들은 대지의 여신 데메테르Demeter와 그녀의 딸 페르세포네Persephone를 기리는 축제를 비롯한 여러 축제에 사프란으로 염색된 예복을 입었다. 로마인들은 제국의 부를 과시하기 위해 사프란을 들여왔다.

페니키아인들에 의해 거래된 야생 사프란은 페르시아에서 재배되었다. 그들은 경사지고 건조한 땅에서 이 변덕스럽고 섬세한 작물 재배에 필요한 기술을 배워갔다. 가을에 만개한 사프란은 들판을 황홀한 보라색으로 물들였다. 사프란을 따는 작업은 단기간에 노동집약적인 형태로 이루어졌는데 아침 이슬이 증발한 직후 꽃이 햇빛에 시들기 전에 따야 했다. 사프란 0.5kg을 생산하려면 약 4만 송이의 꽃이 필요했기에 세계에서 가장 비싼 향신료 중 하나였으며, 지금도 여전히 비싼 원료로 쓰인다.

1099년 예루살렘에 도착한 서부 십자군은 100년 동안 성지를 점령했다. 이 지역에서 재배된 사프란을 이슬람 교역지대로 가져오는 것은 철저히 금지되었으며, 때로는 가혹한 처벌의 대상이 되기도 했다. 이에 많은 순례자가 사프란 알줄기를 양탄자나 천으로 싸서 불법으로 밀수하기도 했다. 영국의 에드워드 3세 통치 기간 중 중동에서 돌아온 한 순례자는 모자 속에 크로코스(봄에 피는 사프란 종) 구근을 숨겨 영국으로 가져왔다고 전해진다.

잉글랜드의 남동부 에섹스Essex 지역의 양모 무역 마을 'Chepying Walden'은 1500년대 사프란 밭으로 유명해지면서 '사프란 월든Saffron Walden'으로 마을 이름이 바뀔 정도였다. 사프란은 림프절 흑사병에도 효과적인 치료제로 여겨지면서 공급이 고갈되었다. 이에 영국을 넘어 스위스, 독일, 프랑스 등 유럽의 여러 지역에서 사프란이 재배되기 시작했다.

헨리 7세는 아일랜드인의 사프란 직물 염색을 금지했다. 그는 자신이 귀하게 여기는 사프란을 보호하기 위해 여성 시녀들이 사프란으로 머리 염색하는 것도 금지했다. 이에 그 희소성과 귀중함으로 인해 노란색 염료는 저렴한 염색 식물인 목서초나 황목, 떡갈나무를 이용한 염료 개발로 이어졌다. 담황색은 소의 담석으로 만들었으며 자황색은 캄보디아의 가르시니아 나무 수액을 원료로 이용했다.

1615년부터 동인도 회사에 의해 영국으로 운송된 자황색은 선샤인 옐로라는 명칭으로 알려졌으며 그 가치가 매우 높았으나, 독성이 강하여 염색공에게 부작용을 일으켰다.

인디안 옐로Indian Yellow로 알려진 또 다른 황색 안료는 인도의 무굴 시대 화가와 염색가에 의해 예술 작품, 주택 페인트 및 직물 염색에 주로 사용되었다. 매운 암모니아 냄새를 풍기는 겨자색 가루 덩어리로 운송된 이 물질은 17세기 후반에 유럽으로 전해졌다. 염료 제조법은 비밀리에 숨겨져 있었으나, 망고 잎만

먹고 자란 소의 노란 소변을 통해 염색된다는 것이 후에 밝혀졌다. 이 색은 1910년경 화가 윌리엄 터너J. M. W. Turner가 풍경화에 사용하는 등 많은 예술가의 사랑을 받기도 했다.

프랑스 화학자인 루이 니콜라 보클랭Louis Nicolas Vauquelin은 1797년 크롬산 납에서 합성 크롬 황색을 발견했다. 이는 빈센트 반 고흐가 가장 좋아하는 색이 되었다. 고흐는 이 색을 그의 가장 유명한 그림인 〈해바라기〉 시리즈와 〈별이 빛나는 밤〉에 사용하였다. 그러나 이 컬러의 높은 납 함량이 그의 광기에 기여했다는 설도 있다. 반 고흐는 1888년에 프랑스 남부에서 동생 테오Theo에게 보내는 편지에 "노란색은 얼마나 사랑스러운지!"라는 표현을 썼다.

노란색의 부정적 의미

노란색의 황금빛이 비슷한 색조의 귀금속만큼이나 항상 가치 있게 여겨진 것은 아니었다. 중세 시대의 노란색은 온통 부정적인 이미지였다. 노란색은 질병, 질환 및 황달을 암시했으며, 4대 체액 중 하나인 황담즙과도 관련이 있다. 노란색 직물을 만들 수 있는 수많은 천연 물질이 있었지만 노랑은 오래 지속되는 빨강과 파랑에 비해 색이 빠르게 퇴색되었고, 이러한 특성들 때문에 불신의 이미지를 가지게 된 것이다.

유럽 사회에서는 기형이나 질병이 있는 사람 또는 범죄자와 같이 사회적으로 소외된 사람을 노란색 스카프, 모자 또는 배지로 구분하였다. 로마 시대에는 사프란이 정력제로 여겨졌던 반면, 14세기와 15세기 베니스의 매춘부는 항상 노란색 스카프를 착용함으로써 신분을 표시해야 했다. 중세 미술에서 사형 집행인은 일반적으로 노란색 옷을 입은 모습으로 묘사된다. 노랑은 또한 반역자를 묘사하기도 했으며, 파산한 사람들의 집을 표시하는 데도 사용되었다.

중세와 르네상스 시대의 예술가들은 노란색을 통해 유다의 이중성을 표현하기도 했다. 조토 디 본도네Giotto di Bondone의 파도바 성당 프레스코 벽화 〈Kiss of Judas〉에는 예수를 껴안은 유다가 노란색 망토를 입고 있다. 유다의 노란색 옷은 그를 반역자임을 뜻할 뿐 아니라 그가 유대인임을 의미했다.

유대인이 노란색 패치를 착용하는 오명을 뒤집어쓰게 된 기원은 중세로 거슬러 올라간다. 1215년 로마에서 열린 제4차 라테란 종교회의에서 기독교인들과 유대인을 구별하기 위한 유대인 식별 선언이 발표되었다. 이후 유대인은 노란색 패치를 착용해야 한다는 명령이 유럽 전역으로 널리 퍼졌다. 1274년 영국의 에드워드 1세는 1290년 추방 명령이 있을 때까지 유대인들에게 노란색 패치 착용을 의무화하는 법을 도입했다. 또한 12세기부터 17세기까지 유럽의 일부 지역에서 유대인은 신분 식별을 위해 끝이 뾰족한 노란색 모자(독일어로 Judenhut)를 착용해야 했다.

두 명의 앤Annes과 노란색

아라곤 캐서린은 헨리 8세에게 굴욕적인 이혼을 당하자 결국 3년 후 사망한다. 그런데 그녀의 장례식에 헨리 8세와 그의 두 번째 아내인 앤 불린Anne Boleyn은 노란색 옷을 입고 나타났다. 태양과 희망을 상징하는 노란색을 선호하는 취향 때문이었다. 하지만 여러 조문객이 검은색 옷을 입고 장례식에 참석한 상황에서 노란색 옷을 입은 것은 고약한 악행으로 여겨졌다. 에릭 아이브스Eric Ives는 앤 불린의 생애를 담은 《The Life and Death of Anne Boleyn》에서 헨리 8세와 앤은 '기쁨이 가득한 노란색' 옷을 입고 나타났으며, 딸 엘리자베스를 데리고 교회로 향하는 그들의 발걸음은 의기양양했다고 기록했다.

여기에 노랑의 긍정적인 이미지를 퇴색시킨 악명 높은 사건이 또 하나 있다. 제임스 1세의 신하였던 토머스 오버버리Thomas Overbury 경을 살해한 혐의로 1615년 교수형을 당한 앤 터너Anne Turner 사건이다.

터너는 사교계의 미녀인 서머싯의 백작 부인 프랜시스 하워드Frances Howard의 시녀로 일하고 있었다. 그녀는 약재상과의 친분 덕분에 사프란을 구할 수 있어 당시 런던 패션계에 유행이었던 녹말풀을 먹인 노란색 린넨 옷깃과 소매를 거래하는 일을 했다. 백작 부인 프랜시스 하워드는 왕의 총애를 받던 로버트 카Robert Carr와 불륜관계였는데 이를 알고 반대하던 오버버리를 독살하고 싶어 했다. 시녀 앤은 그 과정에 참여했다가 결국 교수형을 당한 것이다. 판사인 코크Coke 경은 그녀를 '창녀, 음탕한 사람, 마법사, 마녀, 가톨릭 신자, 중죄인, 살인자'라고 선언하며, 그녀가 유행시킨 녹말풀을 먹인 노란색 옷을 입고 교수형에 처할 것을 명령했다. 알라스테어 벨라니Alastair Bellany의 논문 〈터너 부인의 치명적인 죄들Mistress Turner's Deadly Sins〉에 따르면 그녀의 죄 목록에는 '풀을 먹인 노란 옷깃의 발명과 홍보'가 포함되어 있었다.

이후 노랑은 그녀의 노골적인 섹슈얼리티의 상징이 됐다. 1630년대 시몬드 듀스Simonds d'Ewes 경은 "노란색 띠와 수갑을 차고 재판을 받기 위해 등장한 그녀는 녹말이 입혀진 노란 옷이 헛되고 어리석었음을 처음으로 표현했다."라고 증언했다. 앤의 패션을 모욕이라도 하듯 교수형 집행인도 '앤과 같은 색의 밴드와 커프스'를 착용했다. 앤의 교수형은 17세기에 가장 센세이션을 일으킨 사건 중 하나였으며, 이러한 악명으로 사프란색 옷깃 인기는 빠르게 식어갔다.

노란색은 수 세기 후에도 계속 부정적인 색으로 간주되었다. 19세기 후반 과하게 음란하여 논란을 일으킨 프랑스 소설은 종종 노란색 표지로 묶이곤 했다. 노란색 표지는 불법으로 낙인찍혀 헐값에 팔렸다. 이탈리아에서는 '노란색'을 의미하는 'giallo'가 공포영화 중 한 장르로 알려져 있다. 미국에서는 선정적인 저널리즘, 중국에서는 음란물을 나타낸다.

반짝이는 모든 것

중세 시대 노란색이 지닌 부정적인 의미를 감안하면 유일하게 수용 가능한 노란색은 금gold이었다. 금은 영적으로 신성하게 여겨졌고 실크로드 무역에서도 수요가 높았다. 7천여 년 전에 처음 채굴되어 보석과 장식품으로 사용된 금은 그 희소성과 비용 덕분에 그 가치를 인정받았다. 알렉산더 대왕은 금으로 짠 천을 좋아했다. 라틴계 작가인 저스틴Justin은 기원전 331년경 '불멸'의 군대를 이끌고 페르시아를 거쳐 진격하는 과정에서 그가 금목걸이 또는 '황금으로 채색된 옷'을 착용했다고 묘사했다.

중국에서 페르시아와 지중해로 거래되던 실크는 로마인들이 매우 귀중하게 여겼다. 당시는 티리안 보라 실크가 가장 고급스러운 색상으로 알려졌으나, 압제적 황제였던 코모두스Commodus는 밝은 노란색 실크에 줄무늬가 있는 예복을 입었다. 그 옷은 매우 아름답고 밝게 빛나 마치 금실로 짠 것처럼 보였다. 황금 천은 중세 시대 유럽 왕과 왕비에게 가장 인기 있는 직물 중 하나였으며, 실크와 가는 금사로 짜인 천은 화려하고 호화로운 빛을 발했다.

금빛 천은 튜더 시대에 특히 인기가 있었다. 1500년경 완성된 웨일스 공 아서Arthur의 초상화는 금색 드레스에 흑담비 모피와 벨벳 조끼를 입은 모습이다. 금빛으로 부유한 이미지는 더욱 강조되었다. 그의 형 헨리 8세는 의복에 드는 비용을 아끼지 않았다. 메리 1세와 엘리자베스 1세의 대관식 및 왕실 결혼식에서 금색 옷은 큰 인기를 누렸다. 금색 천은 왕족만 입을 수 있도록 규정하는 사치규제법까지 도입되었다. 1520년 유럽의 호화로운 두 젊은 통치자였던 헨리 8세와 프랑스의 프랑수아 1세는 가장 훌륭하고 값비싼 황금 옷을 입고 서로의 권력을 과시하기도 했다.

클림트가 자신의 후원자이자 친구였던 비엔나 사교계의 부유한 명사인 아델레 블로흐-바우어Adele Bloch-Bauer를 위해 그린 초상화를 보면 황금의 반짝임이 지닌 모든 호화로운 영광이 드러난다. 배경과 조화를 이루는 그녀의 금빛 드레스는 신성한 이미지를 강화하기 위해 화려한 금색 옷을 입었던 황후 테오도라Theodora의 비잔틴 모자이크에서 영감을 받았다. 클림트는 그의 마지막 황금기 작품인 이 초상화를 위해 금박을 사용하여 드레스와 배경을 표현했다. 유대인이었던 블로흐-바우어는 1941년 나치에게 이 그림을 압수당했는데, 그녀의 조카인 마리아 알트만Maria Altmann이 이 작품을 가족에게 돌려주기 위해 2000년에 오스트리아 법정으로 향했다. 마치 헬렌 미렌Helen Mirren 주연의 영화 〈황금 속의 여인〉에서처럼 말이다.

골드는 과도하게 착용하면 촌스러우면서도 '독재자 같은 딱

딱하고 고압적인 분위기'를 내지만, 레드카펫에서만큼은 인기다. 매거진《엘르》는 골드 드레스를 다음과 같이 묘사했다.

"금빛 드레스는 리틀 블랙 드레스의 섹시한 여동생과도 같은 존재다. 활기차고 최면에 걸릴 정도로 황홀하며, 누구도 말릴 수 없는 완전한 매력을 선사한다."

영화〈신사는 금발을 좋아한다〉에서 너무 선정적이란 평을 받았던 마릴린 먼로의 황금색 플리츠 드레스는 매우 유명하다. 영화배우 파라 포셋Farrah Fawcett은 1978년 아카데미 시상식에서 오스카상처럼 번쩍이는 황금 드레스를 입었다. 2018년 멧 갈라 패션 행사에 등장한 킴 카사디안은 몸에 딱 달라붙는 화려한 금색 베르사체 드레스에 비잔틴 유물 같은 십자가 장식을 하고 등장했다.

노란색 드레스

노란색에는 부정적인 역사가 있다. 하지만 가볍고 밝은 실크를 선호했던 18세기의 프랑스 궁정 패션과 직물 및 장식 예술에서 중국 황실의 황색을 이용해 중국풍으로 만드는 시누아즈리chinoiserie가 유행하면서 노란색의 이미지는 재탄생한다.

1760년 제작된 카나리아 노란색 드레스는 메트로폴리탄 미술관에 소장품으로 로브 알 라 프랑세즈(프랑스풍) 스타일로 디자인되었다. 노란색은 인간의 눈에 가장 먼저 보이는 색상이기에

뉴욕에서 케이트 모스(2003)

메트 갈라에 금색 베르사체를 입은 킴 카다시안
(2018)

노란 드레스를 입고 극적으로 등장하면 시선을 끌게 된다. 샤를 스투벵Charles Auguste Steuben의 〈마담 퐁파두르〉 초상화는 시대의 유행이자 낭만을 상징했던 화려한 노란 드레스의 주인공을 담고 있다.

2020년 7월자 《나일론 매거진》은 노란색 드레스는 빨간색 드레스만큼이나 영화와 대중 문화에서 상징성이 있다고 했다. 노란색은 영화 〈혼자는 못 살아〉에서 나탈리 우드가 입은 노란색 드레스부터 〈10일 안에 남자 친구에게 차이는 법〉에서 케이트 허드슨Kate Hudson이 입은 노란 옷에 이르기까지 사랑이나 행복의 순간을 표현한다. 로맨틱 코미디 장르인 영화 〈혼자는 못 살아〉의 의상 디자이너인 에디스 헤드Edith Head는 주인공의 캐릭터에 맞게 영화 전반에서는 흑백 의상을 유지하다가 상대 캐릭터와 자신이 사랑에 빠졌음을 인정하는 마지막 장면에서 그녀는 카나리아 옐로 드레스에 스카프를 하고 나타난다.

마찬가지로 〈10일 안에 남자 친구에게 차이는 법〉에서 어드바이스 칼럼니스트 앤디Andie는 매우 확신에 찬 태도로 남자에게 차이는 방법을 조언한다. 디자이너 캐롤라이나 에레라Carolina Herrera와 영화의 의상 디자이너인 카렌 패치Carolina Herrera가 제작한 앤디의 노란 드레스는 그녀가 경쟁자인 매튜 맥커너히와 사랑에 빠졌음을 비로소 눈치채는 영화의 클라이맥스를 위해 제작되었다. 어느 다이아몬드 브랜드의 고급 홍보 행사에 등이 훅 파인 실크 드레스를 입고 간 앤디는 그곳에서 가장 눈에 띄는 여성이 된다. 매우 특이하게 노란색 드레스를 입은 덕분에 그녀는 더욱 기억에 남았고, 노출된 등은 성적 매력을 드러내어 유행을 선도하는 사람으로 이미지를 바꿀 수 있었다.

2003년 뉴욕에서 열린 잡지사 파티에서 케이트 모스가 선보인 드레스는 획기적이었다. 베벌리힐스의 빈티지 가게에서 직접 고른 레몬 셔벗 시폰 드레스로 한쪽 어깨끈을 자연스레 팔에 늘어뜨린 모습은 큰 인기를 끌었다. 이는 2007년에 처음 출시되어 매진을 기록한 탑숍Topshop의 컬래버레이션에서 재현될 정도로 인기가 높았다.

2006년 미셸 윌리엄스Michelle Williams가 아카데미 시상식에 베라 왕의 버터컵 옐로 드레스를 입고 등장했는데 이전까지 레드카펫에서 노랑은 상당히 보기 드문 색이었다. 빨간색이나 검은색만큼 흔한 색이 아니기에 노란색의 등장은 예상치 못한 놀라움을 선사했다. 의상 디자이너 메리 조프레스Mary Zophres가 마티스의 그림에서 영감을 받아 수작업으로 꽃무늬를 그려 넣은 〈라라랜드〉의 드레스를 디자인하기 전까지 노란색은 '저 멀리 동떨어진' 색 정도로 취급됐다. 그러나 이 영화에서 노란색은 주인공 커플의 전환기를 나타내며, 녹색과 파란빛의 배경을 보완함으로써 황홀한 순간을 완벽히 표현해냈다. 그녀가 라이언 고슬링과 함께 로스앤젤레스의 언덕에서 춤을 추는 순간, 노

영화 <클루리스>(1995)의 스테
이스대쉬와 알리시아 실버스톤

쿠엔틴 타란티노의 <킬 빌 1>
(2003)에서 신부 역의 우마 서먼

<라라랜드>(2016)의 엠마 스톤
과 라이언 고슬링

란색 치마의 움직임이 별이 빛나는 보라색의 밤하늘 아래에서 더욱 빛을 발했다. 영화의 포스터에도 사용된 이 장면으로 노란 드레스는 순식간에 아이코닉적 요소로 부상했다.

10대를 위한 영화 〈클루리스〉의 노란색 체크무늬 투피스는 알리샤 실버스톤Alicia Silverstone이 유행을 과감히 저버리고 새로운 패션을 추구하는 10대 소녀임을 제대로 표현한 의상이다. 영화 의상 디자이너인 모나 메이Mona May는 그녀가 금발에 어울리는 '멋진 노란색' 입기를 원했다.

"주인공은 쉐어Cher를 처음 만났을 때 빛을 느꼈습니다. 컬러감이 있는 에너지를 갖고 있었죠. 학교에 간 첫날 우리는 그녀에게 통통 튀는 이미지를 주고 싶었습니다. 노란색은 매우 강력하지만, 저에게는 여전히 순수한 색에 더 가깝습니다."

학교에서 가장 인기 있던 소녀 쉐어에게 노란색은 매우 적절했다. 2000년대 10대 소녀들에게 분홍색이 널리 유행했다면, 1990년대 노란색은 예상을 뒤엎을 정도로 멋지고 밝고 낙관적인 면모를 드러냈다.

노란색 사이렌

쿠엔틴 타란티노 감독의 〈킬 빌 1〉의 대담한 비주얼과 영화 전반에 두드러지게 드러나는 노란색 사용은 대중문화의 고정제가 되었다. 푸시 왜건Pussy Wagon이라고 불렀던 차의 색깔과 우마 서먼이 복수심에 불타는 신부가 된 장면에서 입었던 의상은 모두 노란색이었다. 덕분에 〈킬 빌〉의 노란 의상은 〈사망유희〉에서 브루스 리가 입었던 노란 옷 이상으로 강력한 인상을 남겼다. 쿠엔틴 타란티노는 이 영화에서 이렇게 말했다.

"지금껏 영화를 찍으면서 영화 의상의 색상이 영화의 대표색이 된 적은 없었습니다. 이 영화를 통해 노란색이 등극한 거죠. 서먼의 금발 머리 덕을 봤어요. 저의 음향 위주의 다른 영화들과는 달리 이번 영화에서만큼은 금발의 색이 영화를 대표하길 바랐어요. 이번 영화에서는 서먼의 금발 효과가 지금껏 제 영화의 음향 효과를 대신한 거죠."

우마 서먼의 노란색과 검은색 줄무늬 운동복은 포식자를 향해 경고를 날리는 화난 말벌의 모습과 같다. 영화의 의상 디자이너 캐서린 토마스Catherine Marie Thomas는 "우마의 노란색 운동복은 중추적인 역할을 한다. 그녀는 복수 영화에서 훈련받은 암살자였고 노란 의상은 그 캐릭터를 잘 반영한다. 그녀는 누구에게도 숨지 않는다."라고 말했다.

영화 〈킬 빌〉은 레이디 가가의 뮤직비디오 〈Telephone〉 비주얼에도 영감을 주었다. 이 뮤직비디오는 서먼의 노란색과 검은색 운동복에서 영감을 얻어 범죄 현장에 쓰이는 테이프로 만든 의상을 제작했다. 레이디 가가는 "미국이라는 나라에는 넘쳐나는 정보와 기술로 무언가 만들어내는 젊은이들이 많다는 것을 이 뮤직비디오를 통해 보여주고자 했습니다."라고 콘셉트를 밝혔다. 뮤직비디오 조나스 오케르룬드Jonas Åkerlund 감독은 "범죄 현장 테이프는 우리가 염두에 두고 있던 이미지 중 하나였습니다. 우리는 즉흥적으로 그것을 생각해냈고, 결국 그 테이프가 가가의 의상 중 하나가 되었습니다. 정말 멋져 보였죠. 또한 그 의상은 그녀가 감방에서 느꼈을 밀실 공포증을 보여주는 요소이기도 합니다."라고 말했다.

감옥에서 그녀는 옷을 벗고 자신의 페르소나도 벗어 버린다. 그녀는 감방에서 벌거벗은 채 연약한 모습으로 남아 있다. 그것은 유명인의 부정적인 측면과 그녀의 몸이 어떻게 공개적으로 전파되는가 하는 부연 설명이나 다름없었다.

노란 조끼

눈에 매우 잘 띄는 노란색 조끼는 프랑스 시골 지역 자동차 운전자들의 유류세 항의 시위인 '노란 조끼gilets jaunes 운동' 이후로 시위의 상징이 되었다. 모든 운전자는 노란 조끼를 차에 지니고 다닐 것을 강제했던 프랑스 법 때문에 노란 조끼는 정부의 운전자 통제를 상징하기도 했다. 또한 조난 신호로도 사용되는 노란 조끼는 시위의 긴급성을 나타내기도 한다. 또한 대중 운동의 일부로서 통일성을 나타낼 수 있는 저렴하고, 편리하며, 즉시 인식이 가능한 방법이다.

〈뉴욕 타임스〉는 노란 조끼를 '역사상 가장 효과적인 시위 복장 중 하나'라고 표현했다. 노란 조끼의 힘은 다른 나라로 퍼져나갔다. 영국의 친 브렉시트 시위, 호주의 반이슬람 운동, 핀란드의 반이민 시위 등을 비롯한 다양한 시위에 노란 조끼가 사용되었다. 노란 조끼는 시위자와 일반 시민을 확연히 구별한다. 한편, 2019년 파리에서는 노란 조끼 시위대의 폭력성을 규탄하고자 붉은 스카프를 두른 대항 시위대가 등장하였다. 하지만 이는 즉시 붉은 스카프를 두른 부르주아 계급과 실용적인 아이템인 노란 조끼를 착용한 서민층을 시각적이면서도 즉각적으로 구분하는 부작용이 있었다.

노란 조끼는 어떤 사람에게는 국민을 위한 사회 운동이며, 정부 앞에서 노동자 계급에 대한 충성을 나타내는 계급의 징표였다. 또 다른 사람들에게는 극우 결집의 외침이 표출되는 옷이었다.

패스트푸드 패션과 Z세대 옐로Gen-Z yellow

노란색은 "샌프란시스코에 오면 머리에 꽃을 꽂으세요."라는 구호와 함께 1960년대 반문화적 시대의 조화harmony를 상징했다. 비틀즈의 〈옐로 서브마린〉 앨범과 영화는 사랑과 평화를 이야기했고, 도노반Donovan의 노래 〈맬로우 옐로〉는 '쿨하고 느긋한' 내용으로, 제임스 조이스James Joyce의 저서 《율리시스

Ulysses》에서 파생된 표현을 사용했다.

1960년대 희망을 상징했던 노란색은 1988년 사랑의 여름날을 상징하는 색으로 재등장한다. 애시드-옐로 컬러의 스마일 페이스는 광란의 파티와 엑스터시의 힘을 빌려 황홀한 기분에서 자신을 발견하는 젊은 세대의 쾌락주의를 대변했다. 싱어송라이터 션 라이더Shaun Ryder가 기억하듯 그때는 '인생이 갑자기 흑백에서 테크니컬러로 바뀌었을 시기'였다. 스마일 페이스는 1963년 미국의 광고 전문가 하비 볼Harvey Ball이 보험 회사 직원에게 동기를 부여하기 위해 디자인되었으나, 이후 사이키델릭 운동(1960년대 히피족들이 환각제 복용을 통해 이상 감각 체험을 추구하는 것)의 축제 스티커로 사용되었다. 1988년 오리지널 런던 애시드 하우스 클럽 나이트 'Shoom'의 상징으로 채택된 후 앨범 커버, 배지 및 전단지, 패션 디자인 등 다양한 곳에서 사용되었다.

일간지 〈선Sun〉은 '쿨하고 그루비하다'는 묘사와 함께 애시드 하우스(빠른 비트 전자 음악으로서, 주로 약물 파티 때 이용됨) 장면을 내걸며, 스마일 티셔츠 판매 광고를 올렸다. 그러나 몇 주 후, 애시드 하우스의 위험을 경고하며 태세를 전환했다. 애시드 하우스는 '수천 명의 젊은이를 집어삼키는 지옥 같은 악몽'으로 전락했다. 영국의 SPA 브랜드 탑숍Topshop은 이런 종류의 부정적인 언론 보도를 인식하여 스마일 티셔츠의 판매를 금지했다. 스마일 페이스는 가상 커뮤니케이션에서 인기 있는 이모지 중 하나

영화 <샤레이드>(1963)에서 지방시의 코트를 입고 있
는 오드리 햅번

모스키노 S/S 런던 컬렉션 남성복(2015)

2019년 10월 서울패션위크 스트리트 스타일

로베르토 카발리의 2016/2017 A/W 컬렉션.
비욘세가 <홀드업> 뮤직비디오에서 착용

발렌티노 S/S 오트쿠튀르(2010)

로 광범위한 의미가 있다.

한편, 1990년대 초 밀레니얼 세대가 향수를 느끼며 과거를 돌아보는 사이 어느덧 애시드-옐로 컬러가 레이브 문화의 상징으로 패션계에 재등장했다. 모스키노Moschino의 수석 디자이너 제레미 스코트Jeremy Scott는 노란색 페이턴트 재킷 뒷면의 미소 부분을 검은 테두리로 처리하여 2015년 봄 남성복 컬렉션에 밝은 스마일 페이스를 다시 도입했다. 그보다 1년 전 스코트는 모스키노의 가을 2014 기성복 컬렉션에 키치 옐로kitsch yellow 초콜릿 바 포장지와 스펀지밥 스퀘어 팬츠 및 패스트푸드를 적용하여 소셜 미디어에 널리 회자되었다.

어린이의 기분 좋은 감정에 호소하여 부모의 구매를 유도하는 노란색은 패스트푸드 업계의 대표적인 컬러다. 맥도날드의 빨강과 노란 배색은 세계에서 가장 인지도가 높은 색상이다. 편안함과 행복을 선사하는 노랑과 설렘과 배고픔을 느끼게 하는 빨강의 자극적인 조합으로 구성되어 시선을 잡아끈다. 스코트는 대담한 노란색과 빨간색의 슬림핏 재킷과 스커트에 맥도날드의 골든 아치가 그려진 레이블을 선보임으로써 밝고 대담한 디자인으로 정크 푸드의 이미지를 탈바꿈시켰다. 노란색 포장지와 로고가 자주 사용되는 패스트푸드의 키치 미학은 현대 소비자에게 어필했으며, 노란색은 재미있고 순간적인 색상으로 받아들여지며 즉각적인 만족감을 선사했다.

팬톤은 2018년에 'Z세대 옐로Gen Z yellow'를 소개했다. 작가 헤일리 나만Haley Nahman이 2017년 인스타그램 피드를 장식했던 밀레니얼 핑크가 노란색에 점점 밀리는 것을 보고 이렇게 이름을 붙였다. 이는 미래에 대한 새로운 희망을 제시하고, 정치와 환경의 우려 속에서 사람들에게 활력을 불어넣는 에너제틱한 색상으로 꼽힌다.

나만은 셀레나 고메즈의 '페티시' 뮤직비디오에서 필터 처리된 햇빛을 배경으로 그녀가 레몬색 옷을 입고 부엌을 부수는 장면과 아티스트 페트라 콜린스Petra Collins가 노란색 조명을 사용하는 것을 보고 새로운 노란색 트렌드를 알아차렸다고 말했다.

"Z세대 옐로는 밀레니얼 핑크의 자연스러운 진화입니다. 그것은 가장 달콤한 색조로 눈을 즐겁게 하는 밀레니얼 핑크의 부드러움을 갖고 있지만, 과도하게 유아적이지도 않습니다. 향수를 불러일으키면서도 현대적이지요. 나아가 열정, 에너지, 낙관주의를 표현합니다."

이 뮤직비디오는 신선한 노란색 미학의 트렌드를 촉발시킨 것으로 인정받았다. 나만은 그만큼 노란색은 에너지가 넘친다. 긍정적인 이미지로 인식되며 행복과 따뜻함을 부른다. 여름날을 위한 완벽한 색이며 밝은 미래의 가능성을 여는 색이다.

앙드레 쿠레주
겨울 컬렉션(1969/1970)

영화 〈007 어나더데이〉의 본드 걸 할리 베리는 주황색 비키니를 입고 바닷가에 등장한다. 이 덕분에 종종 악의적인 색상으로 여겨졌던 주황색은 다시 스포트라이트를 받게 된다. 에레스   브랜드가 제작한 칼 장식 벨트의 주황색 비키니는 최초의 본드 걸 허니 라이더 Honey Ryder 역을 맡은 우슬라 안드레스 Ursula Andress 에 대한 경의를 표하는 것이었다. 이 오렌지색 비키니를 입은 할리 베리의 모습은 신문과 잡지를 통해 퍼지면서 오렌지색은 결코 외면될 수 없는 색이 되었다.

ORANGE

> 빨강과 노랑이 섞인 주황은 주체적인 아름다움보다 어울림을 좋
> 아하는 것처럼 인식된다. 하지만 주황을 정확하게 알고 나면 영
> 까다롭고 예민한 색이라는 것을 알 수 있다. 그러니 주황은 다른
> 색과의 조화로움보다 주체적이고자 하는 색이다.

주황색은 사랑의 색이다. 산드로 보티첼리Sandro Botticelli의 명작인 〈봄〉과 〈비너스의 탄생〉에서 열매를 표현한 색이며, '사랑의 여신'으로 알려진 주황빛 머리카락의 배우 리타 헤이워드를 대표하는 색이기도 하다.

주황은 일찌감치 빅토리아 시대의 패션지에서 특정 피부색의 여성에게는 어울리지 않는 색이니 주의하라는 경고까지 붙었다. 그만큼 소화하기 어려운 색으로 인식되어 사람에 따라 호불호가 갈린다. 서양에서는 잼이나 스프레드의 상표인 '마마이트Marmite'의 색으로도 잘 알려져 있는데 다양한 톤의 가을 색조이자 핼러윈의 호박 등불의 색이며, 향료 가득한 호박파이 냄새와 땅에 부서지는 빛나는 잎사귀를 연상케 한다. 또한 망고, 살구, 귤의 색이며 과즙이 매우 풍부하여 군침이 절로 도는 이탈리아의 차가운 음료인 아페롤 스프릿츠Aperol Spritz를 대표한다.

과일과 나무를 나타내는 페르시아어 'narang'에서 파생된 '오렌지'는 가장 늦게 발견된 색상으로 1512년에 처음 기록되었다.

오렌지는 네덜란드의 오렌지 왕 윌리엄William of Orange을 통해 유럽 개신교와도 인연을 맺는다. 그래서일까. 네덜란드에서는 국기와 축구팀 유니폼에 사용될 만큼 오렌지-나소Orange-Nassau 왕실을 대표하는 네덜란드의 오랜 유산이다.

반면, 밝은 빛깔의 오렌지는 1920년대 광란의 시대와 1960년대 젊은이들의 반란 시기에 패션 아이콘으로 등장했다. 주황색을 단독으로 착용하면 압도적인 느낌을 주기에 종종 위험의 경고로도 사용된다. 관타나모 베이의 죄수복, 고엽제라고 알려진 화학 물질인 에이전트 오렌지Agent Orange, 교통 신호 및 도로 경고의 색상이 그 대표적인 예이다. 미국의 가수 겸 영화배우인 토리 에이모스Tori Amos는 밝고 충격적인 색상의 속옷이 사람에게 힘을 줄 수 있다는 내용의 〈내 페티코트 아래 주황색 니커(속바지)의 힘〉을 노래했다. 그만큼 오렌지 색상은 시야에 들어오면 눈을 떼기 어렵다.

과일에서 컬러에 이르기까지

선사 시대 동굴 벽화에 사용된 고운 점토와 산화철로 만든 붉은빛이 감도는 황토색 염료를 비롯하여 고대 이집트인들이 무덤에 칠한 유독성 광물 색소 리얼가realgar 등 오렌지빛은 오래전부터 사용되었다. 그러나 오렌지색이 무지개의 공식 색상으로서 이름을 갖게 된 것은 최근의 일이다.

톡 쏘는 상큼한 색을 뜻하는 영어 단어 오렌지는 16세기 중동의 '오렌지'라는 달콤한 과일에서 유래되었다. 5세기에서 12세기 고대 영어에서는 오렌지색을 설명하기 위해 '노란색-빨간색'을 의미하는 단어인 'geoluread'가 사용되었다. 중세 영국 시인 제프리 초서의 〈수녀원 신부 이야기〉에는 "앞마당에 들어가는 여우가 노랑과 갈대의 색 그 중간의 색을 띠고 있다."라고 묘사된다. 로빈의 붉은 가슴과 붉은 여우는 실제로 주황색이지만 그때까지 명명된 이름이 없었기에 가장 가까운 색 '붉은색'으로 표현된 것이다.

감귤류는 중국에서 재배되어 실크로드를 통해 서쪽 인도와 페르시아로 운송되었다. 15세기 초 포르투갈 상인들이 인도의 달콤한 오렌지를 유럽으로 가져왔다. 새로운 과일을 본 유럽인들은 처음에는 '황금 사과'라 불렀으나 '황갈색' 또는 '모과색'으로만 표현하기에는 오렌지라는 과일의 색을 충분히 설명할 수 없음을 깨달았다.

16세기까지 달콤한 오렌지는 고급 식품으로 간주되었는데 이는 오랑주리orangeries로 알려진 정교하고 값비싼 온실에서 재배된 후에야 시장에 나왔기 때문이다. 또한 오렌지 나무는 피렌체의 메디치 가문같이 영향력 있는 가문의 지위를 상징했다. 튜더 가문은 오렌지에 정향나무를 박아 만든 포맨더(작은 구멍이 뚫린 금속 상자에 지니고 다녔던 향료알)를 허리나 목에 매면 질병과 전염

<007 어나더 데이>(2002)에서 징
스 역을 맡은 할 베리

<비에 젖은 욕정>(1953)에서 리타
헤이워드가 공연하는 장면

병을 예방하는 데 도움이 된다고 믿었다. 찰스 2세의 정부인 넬 그윈Nell Gwyn은 런던 극장에서 야한 옷차림으로 끼를 부리며 수입 오렌지를 관객에게 판매하는 '오렌지 걸' 출신이었다.

《컬러의 말》의 저자인 카시아 세인트 클레어Kassia St Clair에 따르면, 오렌지색은 1502년 요크의 엘리자베스가 마거릿 튜더를 위해 '오렌지색 사르넷의 슬리브'를 샀다는 기록에서 처음으로 옷과 관련이 되었다고 한다. 1544년 헨리 8세의 장녀 메리 튜더는 화려한 오렌지색 보디스에 빨간색과 흰색 소매가 달린 호화로운 드레스를 입었다. 이는 그녀가 여왕이 되기 전 최고급 이탈리아 직물을 공수해 올 만큼 패션 애호가였다는 것을 제대로 표현한 셈이다.

'오렌지'는 점차 문학 작품에도 등장했다. 윌리엄 셰익스피어의 《한여름 밤의 꿈》에는 보텀Bottom의 수염이 '오렌지 황갈색'으로 묘사되는 등 갈색 톤보다 밝은 존재로 언급된다. 1576년 그리스어로 쓰인 3세기 군사 기록의 영어 번역본에는 알렉산더 대왕의 부하들이 진홍색, 보라색, 암자색, 및 오렌지색 벨벳으로 된 군복을 입었다고 묘사되어 있다.

1672년 아이작 뉴턴이 빛의 스펙트럼을 발견하면서 오렌지색은 널리 퍼졌다. 뉴턴은 유리 프리즘에 햇빛을 통과시켜 검은색, 흰색, 빨간색, 녹색, 파란색, 노란색의 여섯 가지 기본 색상을 발견했다. 이후 검은색과 흰색이 색상 스펙트럼에서 제외되

었고, 보라색, 남색, 파란색, 녹색, 노란색과 함께 주황색이 포함
되었다.

주황색 직물 염색

16세기까지 주황색이라는 단어는 없었지만 염료 기록에는 다
양한 단어로 설명되어 있다. 스톡홀름 파피루스(서기 300-400년)
에는 '더 어두운 노란색'과 '금색'으로 언급되었고, 15세기 중반
부터는 '사프란색'으로 묘사되었다.

주황색은 빨간색 염료 통에 천을 담근 후 노란색에 옮겨 담
거나 두 개의 염료 욕조를 결합해 얻는다. 이 따뜻한 색조는 붉
은색 직물에 널리 사용되는 꼭두서니 뿌리에 산성 매염제를
첨가하면 주황색 톤이 생성된다. 전통 노란색 염료인 양파 껍
질에 명반 매염제를 혼합해 주황색을 얻기도 한다. 1548년 출
판된 염료 관련 정보를 담은 책《The Plictho of Gianventura
Rosetti》에는 유럽 안개나무에서 추출한 염료 푸셋과 명반을 결
합하여 오렌지 및 모과색을 만드는 방법과 수마트라 산 브라질
우드를 사용하여 양모를 오렌지색으로 염색하는 방법이 자세
히 쓰여 있다.

주황색 염색법이 발전하면서 15세기에 베니스로 수입된 수마
트라와 말레이시아산 브라질우드(빨간 물감을 채취하는 나무)는 제
조 방법에 따라 오렌지에서 핑크, 바이올렛에 이르기까지 다양

ANNO DNI · 1544
LADI MARI
THE MOST
KINGE HENRI
DOVGHTER TO
VERTVOVS PRINCE
THE EIGHT
THE AGE OF XXVIII YERES

1544년 메리 튜더의 초
상화(1544)

조지 바비에의 잔 파캥
디자인 삽화(1912)

한 붉은 색조에 식초와 소변과 같은 산성 매염제를 사용하여 오렌지 색조를 얻기도 했다.

1662년 남아메리카 해안선을 항해하던 포르투갈 탐험가들이 오렌지-레드 심재가 무성한 나무를 발견했고, 곧 그것이 아시아산 브라질우드의 친척임을 알았다. 그들은 이 나무에 '불처럼 빛나는'이라는 뜻으로 '브라질brasil우드'라는 이름을 붙였다. 그리고 그 지역이 브라질의 땅이어서 테라 드 브라질terra de brasil이라고 했다. 남아메리카에서 노예 노동을 착취하면서 브라질우드의 유럽 수입은 더 저렴해졌다. '오렌지색' 직물에 대한 높은 수요와 맞물려 염료를 얻기 위해 브라질 목재를 찾는 사람도 많아졌다.

중남미에서 자라는 빅사오렐라나Bixa orellana 또는 루쿠나무roucou tree의 씨앗 과육은 인기 있는 오렌지색 염료로 씨앗을 으깨면 원주민들이 보디 페인트로 사용하는 색소인 아나토annatto라는 색소를 얻을 수 있었다. 1860년 미국 펜실베이니아주에서 출판된 염색 재료에 관한 책《600 Miscellaneous Valuable Receipt》에서 아나토는 실크 오렌지를 염색하기 위한 재료로 명시되어 있다.

앞서 노란색에서 설명했듯이 사프란은 고대 그리스와 로마에서 향기로운 향신료와 여성스러운 노란색 예복의 염료로 빛나는 역사를 자랑한다. 인도에 소개된 사프란의 선명한 색은 불의 상징, 어둠을 태워버리는 빛의 상징으로 여겼다. 힌두교 사제들이 예복 염색에 사프란을 사용하면서 종교의식의 중요한 부분이 되었고, 이내 지혜와 지식을 나타내는 신성한 색이 되었다. 사프란 예복은 인도의 불교 승려들이 전통적으로 입었으며 불교가 동양에 전파됨에 따라 주황색은 겸손함과 소박함을 상징하게 되었다. 그런데 사프란이 엄청나게 비쌌기에 태국의 초기 승려들은 쉽게 구할 수 있는 잭프루트 나무의 심재를 사용하여 옷감을 주황색으로 염색했다. 또한 주황색 옷은 1966년 미국에서 일어난 하레 크리슈나Hare Krishna 운동에 이용되기도 했는데, 이는 힌두교의 핵심 신념이 운동의 기반이 되었기 때문이다.

인도가 독립한 20세기에 들어 사프란의 황금 오렌지는 인도의 다른 종교에서도 상징 깃발로 채택되었다. 인도의 시장에서는 사프란, 황토, 계피, 강황이 쌓인 풍성한 더미를 쉽게 볼 수 있으며, 축제와 축하 행사에서 아낌없이 사용되어 온 나라를 주황으로 물들인다.

사랑의 상징, 주황색

줍이 많고 윤기 나는 녹색 잎을 가진 오렌지 나무는 부의 상징이자 사랑과 다산의 상징으로 여겼다. 보티첼리의 〈봄〉과 〈비너스의 탄생〉에 등장하는 사랑의 여신 비너스는 오렌지색 옷을 입고 오렌지 숲에 산다. 오렌지는 아름답고 낭만적인 분위기를 자아낸다. 조반니 페라리우스Giovanni Ferrarius의 감귤류에 관한 책《Hesperides Sive de Malorum Aureorum Cultura et Usu》에는 "그래서 나는 작고 둥근 이 과일에 세계의 장식이라는 마땅한 칭호를 부여하고자 한다. 마치 지구가 황금 드레스를 두른 것만 같기 때문이다."라고 표현되어 있다.

사프란은 직물 염료이면서 오렌지색과 녹색 안료의 안정화를 위해 사용되기도 했다. 메트로폴리탄 박물관 소장품인 1709년 작 〈방갈리 라기니 폴리오〉의 라가말라 시리즈에는 열대정원에 있는 여성들이 주황색 사리를 입고 있다. 삽화에는 케사라(사프론)로 염색된 사리를 입고 있는 여성에 대한 찬사가 곁들여 있다. 또 천국을 묘사한 듯한 〈라다와 크리슈나의 꽃밭 산책〉에 나오는 라다는 태양의 오렌지색이 밝게 빛나는 가운데 사프란으로 염색된 옷을 입고 있다.

18세기 중반 유럽에서 더 가볍고 밝고 대담한 색상이 유행하자 가구와 패션의 색으로 각광 받던 빨강이 주황에게 자리를 내준다. 주황색은 조지아 시대에 들어 특히 여성들에게 인기가 많았으며 여러 초상화에도 사용되었다. 니콜라 푸셰Nicolas Fouché의 그림 〈포모나〉에는 로마의 과실나무 여신 포모나가 오렌지색 드레스를 걸친 채 손에는 복숭아를 들고 있다. 장 랑크Jean Ranc의 〈베름투스와 포모나〉에서는 포모나 여신이 과일 바구니와 함께 프랑스 스타일의 주황 드레스를 입고 있다.

포모나 여신은 르네상스 예술가 단테 가브리엘 로세티Dante Gabriel Rossetti나 에드워드 번 존스Edward Burne-Jones 같은 라파엘 전파 화가에게 인기 있는 주제였다. 영국 화가 앨버트 조셉 무어Albert Joseph Moore는 그의 작품 〈석류와 한여름〉에서 복숭아색과 오렌지색 토가를 입은 여성을 고전적 퇴폐미로 표현하였다.

주황색은 20세기에도 사랑의 상징으로 여겨졌다. 마르가리타 칸시노Margarita Cansino라는 스페인 이름을 리타 헤이워드라는 영어식 이름으로 바꾼 헤이워드는 주황색으로 머리를 염색한 후 '국민 여신'으로 변신했다. 영화 〈혈과 사〉의 열정적인 캐릭터에 맞게 따뜻한 색의 의상을 입은 그녀는 '화끈한' 모습과 빛나는 빨간 머리로 묘사되곤 한다. 〈커버 걸〉, 〈길다〉, 〈상하이에서 온 여인〉 등을 포함한 영화 포스터는 그녀의 성적 매력을 어필하듯 주황색이 배경이다. 불꽃에서 영감을 받은 그녀의 의상은 캐릭터의 열정을 반영했다.

〈카르멘의 사랑〉에서 강한 오렌지색 스커트는 라틴 댄서 역할에 매우 적합한 의상이다. 〈비에 젖은 욕정〉에서는 반짝이는 광택의 오렌지색 드레스를 입고 남태평양의 어느 바에서 땀에 흠뻑 젖을 정도로 뮤지컬 곡을 연주한다. 프랭크 시나트라와 함께 출연한 영화 〈여심〉에서는 주인공 베라 프렌티스-심슨Vera Prentice-Simpson답게 노래를 열창하기 위해 또 다른 주황 드레스를 입고 등장한다. 사프란 옐로의 끈이 없는 실크 드레스에 오렌지색 모피를 걸친 모습은 그녀를 우울한 나이트클럽에서 더욱 돋보이게 할 뿐만 아니라 전직 스트리퍼 출신에서 부유한 사교계 명사로 탈바꿈한 인생을 해학적으로 그려냈다. 영화 명곡 〈Bewitched, Bothered and Bewildered〉를 부르는 장면에서는 '사랑의 여신'다운 그녀의 붉은색 머리가 자연스레 흐른다. 이 장면을 담은 《라이프》 잡지 사진은 1941년 미국에서 가장 널리 퍼진 사진이 되었다.

충돌과 보완의 색 주황

프랑스 과학자 니콜라 보클랭Nicolas Louis Vauquelin이 1797년 홍연석을 발견하면서 1809년 크롬 오렌지로 알려진 인공 색소 합성이 가능해졌다. 이후 코발트 오렌지를 포함한 여러 합성 물질이 나왔다. 빅토리아 시대의 화려한 옷이나 라파엘 전파 및 인상파 화가에게도 자주 쓰였던 주황색은 피부색과 머리색으로 쓰기에는 너무 과한 색으로 생각되기도 했다. 이에 프랑스 화학자 미셸 외젠 슈브뢰이Michel Eugène Chevreul는 저서 《색상 대비 법칙》에서 특정 피부 색조와 머리 색깔에 맞게끔 옷을 착용하고 매치하는 가이드라인을 제시했다.

"오렌지는 우아하기에는 너무 밝다. 그것은 흰 피부는 퍼렇게, 오렌지색 피부는 허여멀겋게, 노란빛 피부는 녹색으로 보이게 한다."

《고디 여성지Godey's Lady's Book》의 1855년 판은 "오렌지는 아무에게도 어울리지 않는다. 갈색 머리라면 약간 흰 피부로 보일 수도 있겠지만 바람직한 효과가 아니며 오히려 추해질 뿐이다." 라고 단정했다.

마찬가지로 1870년 《옷의 색상Color in Dress》의 작가들 역시 주황색은 '특히 금발의 미인이 피해야 할 색'이라 조언하며, 그나마 흑갈색 머리의 백인이라면 오렌지 톤이 어느 정도 어울리지만 아주 적은 비율이 아니라면 옷에 사용하기에는 너무 화려하다고 적었다. 따뜻하고 눈에 띄는 색이지만 자연과 예술 모두에서 적은 비율로 쓰일 때 가장 큰 효과를 낸다는 것이다. 나아가 대비되는 파란색이나 보라색과 같이 사용하면 겨울이나 아주 이른 봄에 가장 적합한 색이라고 했다. '완벽한 하모니'라 부를 만큼 파란색과 결합되면 기분 좋은 색이 된다. 여름에는 흰색 면 드레스에 주황색 리본을 장식하거나, 주황색 실크 가운에 흰색 실로 수를 놓으면 환해진다. 가을에는 오렌지와 그린, 브라운을 조합해 계절 분위기를 연출하면 멋스럽다.

20세기의 첫 10년 동안 패션 일러스트레이션 예술이 붐을 일으켰고, 비로소 주황색이 설 자리를 찾았다. 폴 푸아레, 잔 파캥 Jeanne Paquin과 같은 파리 디자이너들은 영감을 받아 자신들이 디자인한 옷에 예술 작품을 담길 원했다. 1908년 일본 스텐실 프린트를 도입한 프랑스의 일러스트레이터 폴 이리브Paul Iribe는 주황색, 녹색, 파란색 안료를 겹겹이 칠함으로써 푸아레의 패션에 낭만적인 느낌을 더했다. 1911년 조르주 르파페Georges Lepape는 푸아레의 옷에 감귤색 터번과 하렘-팬츠 튜닉 차림의 아르누보 여성들을 그려 넣었으며, 눈길을 사로잡는 오렌지색을 사용하여 라인을 표시했다. 1910년대와 1920년대에 걸쳐 《보그》의 아르데코 표지에서도 두드러졌다. 르파페와 같은 예술가들이 그 시대의 밋밋한 패션에 활기를 불어넣기 위해 주황색을 자주 사용했기 때문이다.

패션 그림 〈파리식 유행〉의 1912년 4월 커버에는 달빛이 비치는 장미 정원에 두 명의 여성이 서 있는 조지 바르비에George Barbier의 그림이 실렸다. 그림 속 여성이 입은 잔 파캥 디자인의 주황색 램프쉐이드 튜닉(전등갓 형태로 엉덩이까지 내려오는 여성 바지)과 터번 차림은 무굴 시대의 미니어처를 연상시킨다.

1910년대와 1920년대에 걸쳐 오렌지색은 《보그》의 아르데코 표지에서도 두드러졌다. 르파페와 같은 예술가들이 그 시대의 밋밋한 패션에 활기를 불어넣기 위해 주황색을 자주 사용했다.

이탈리아 디자이너 엘사 스키아파렐리Elsa Schiaparelli는 1922년 미혼모의 신분으로 파리에 등장했다. 유명 무도회에 초대를 받은 그녀는 스승인 폴 푸아레에게 영감을 받아 몸과 다리 부분

1917년 4월 판 《보그》 잡지

스키아파렐리 파리 S/S 컬렉션(2017)

에 파란색 천을 두르고 오렌지색 실크로 넓게 허리 부분을 감싼 채 머리에는 터번을 감고 무도회에 나타났다. 이날 그녀의 패션은 '작은 센세이션'을 일으켰다. 지금까지 그렇게 특이한 복장으로 나타난 사람은 아무도 없었기 때문이다. 하지만 이는 대단히 인상적인 창작물을 만들어낼 것 같다는 그녀의 가능성을 알리는 계기가 되었다.

스키아파렐리의 가장 악명 높은 디자인 중 하나는 1937년 살바도르 달리와 협력하여 만든 바닷가재 드레스였다. 랍스터는 1934년 〈뉴욕 드림-전화기에서 랍스터를 발견한 사람〉과 1936년 〈랍스터 전화 조각상〉 작품을 선보인 스페인의 초현실주의 화가 달리가 가장 좋아하는 모티브였다. 그녀는 실크 디자이너 사체Sache에게 흰색 실크 오간자 드레스에 달리가 그린 주황색 랍스터 모티브를 프린트해 달라고 의뢰했다. 이 드레스는 순백색 위에 놓인 랍스터 꼬리가 선정적인 방식으로 몸을 덮고 있는 점에서 꽤나 위험 수위가 높았다. 그런데 월리스 심슨Wallis Simpson이 훗날 윈저 공작이 된 에드워드 8세와의 결혼에 이 드레스를 혼수로 선택하는 바람에 랍스터 디자인은 악명세를 타게 되었다.

결혼식 직전 세실 비통Cecil Beaton이 콩데 고성Château de Condé에서 이 드레스를 입고 있는 심슨의 모습을 카메라에 담았고, 그 사진은 1937년 《보그》의 5월 판 특집기사에 실렸다. 1936년 에드워드가 왕위를 박탈당한 주된 이유가 심슨의 존재 때문이었기에 그녀의 오렌지색 드레스는 더욱 뻔뻔하고 부도덕한 이미지로 부각되었다.

불타는 자연을 표현하는 오렌지 톤은 특히 가을 패션에 이상적이다. 1955년 8월 《브리티시 보그》는 오렌지빛을 띤 '마리골드' 컬러를 '가을을 위한 확실한 불'로 소개하며, '새롭고 선명한 색상의 팔레트'를 예고했다. 그리고 바로 다음 달 '마리골드'는 '블랙 브라운(최고의 커피콩 색)'과 함께 가을의 중요한 색 중 하나로 선정됐다. 1960년 3월 《보그》는 핫 오렌지 트렌드에 대해 이렇게 언급했다.

"낮과 저녁을 모두 환하게 밝히는 가장 불타오르면서도 원초적인 색 오렌지는 파리에서의 가장 큰 흥분을 불러일으킨다."

이후 오렌지색은 패션 디자이너 메리 퀸트Mary Quant와 앙드레 쿠레주André Courrèges 같은 자신감 넘치는 젊은 여성을 위한 색이 되었다. 그들은 오렌지색 초미니 드레스나 비닐 코트에 종종 무릎까지 오는 흰색 부츠를 신을 만큼 남의 시선을 두려워하지 않았다. 1960년대 중반 우주에서 영감을 받은 피에르 가르뎅의 현대적 미니드레스부터 사이키델릭 색상이 서로 충돌하는 듯한 이탈리아 패션 브랜드 푸치Pucci의 프린트에 이르기까지, 오렌지(그 자매 색조인 탄저린과 함께)색은 1960년대 후반과 1970년대의 모든 패션 분위기와 조화를 이루었다.

샌프란시스코 헤이트 애시베리Haight-Ashbury의 아르누보 스타일에 등장하는 보라색처럼 주황색 역시 보색으로 활용되었다. 보라색이 지미 핸드릭스와 밴드 딥 퍼플Deep Purple에게 영감을 주었다면, 주황색은 전자 밴드 '탄저린 드림Tangerine Dream'과 레드 제플린Led Zeppelin의 포크 록 〈탄저린Tangerine〉에 영향을 주었다.

1970년대 영국 파업에 대한 불안과 베트남 전쟁으로 피로가 쌓이자 사람들은 몽환적인 사이키델리아에 시들해지고 보다 냉정한 보수주의 패션으로 돌아갔다. 여기서 오렌지는 조합에 따라 밝고 경쾌한 색조에서부터 차분한 색조에 이르기까지 다양한 분위기를 연출해냈다.

70년대 환경 문제로 자연의 흙빛 컬러가 유행이 되었고 이에 올리브와 갈색이 혼합된 오렌지색이 사랑받았다. 골든 브라운과 번트 오렌지burnt orange는 아이비리그 캠퍼스의 단풍 색깔을 나타내는 프레피 체크 무늬와 트위드나 보헤미안 맥시 드레스의 차분한 플라워 프린트 패턴에 주로 쓰였다.

1970년대 오렌지색이 남녀 모두에게 적합한 색상으로 인기를 끈 반면, 핑크색은 성별에 대한 고정관념을 불어넣는다는 이유로 페미니스트 운동에서 거부되었다. 1980년대 중반 이후 핑크와 블루가 다시 인기를 얻기 전까지는 모자가 달린 아동용 상의, 장난감, 유아 놀이복 등에 주황색이 매우 활발히 사용되었다.

에르메스 파리 S/S 컬렉션(2013)

<백 투 더 퓨처>(1985)의 마티 맥플라이 역의 마이클 J.
폭스

캘빈클라인 F/W 기성복 컬렉션(2018/2019)

주황색 브랜딩

주황색은 쉽게 눈에 띄기에 비즈니스 브랜딩 및 광고에 주로 사용된다. 한때는 유럽 저가 항공사 이지젯의 상징으로 승무원의 유니폼 색으로도 유명했다.

에르메스하면 탐나는 오렌지색 선물상자가 떠오른다. 1880년 파리에서 설립 당시 에르메스의 선물상자는 황금색 테두리가 있는 크림색이었다. 이후 갈색 디테일의 베이지색으로 바뀌었다. 그러나 제2차 세계대전 당시 프랑스 전역에 보급품이 부족한 상황에서 판지 공급업체의 오렌지색만 남게 되었다. 어쩔 수 없이 에르메스는 상자의 색을 바꾸어야 했다. 그때부터 지금까지 오렌지색 선물상자는 에르메스의 시그니처가 되었다. 에르메스의 오렌지색 상자를 들고 다니는 것은 모나코 왕비 그레이스 켈리의 이름을 딴 유명한 켈리 가방이나 배우 제인 버킨Jane Birkin이 함께 디자인한 오렌지색 가죽 버킨 가방을 포함하여 고가의 에르메스 제품을 구입했다는 의미다.

2004년 에르메스는 뉴욕 지하철 100주년을 기념하며 오렌지색 염소 가죽의 메트로카드 커버를 출시했다. 〈뉴욕 타임스〉는 다음과 같은 기사를 냈다.

"에르메스에서 쇼핑하는 사람이 실제로 지하철을 탈까요? 그럴 수도, 아닐 수도 있어요. '목요일 파티에서 지하철과 에르메스가 한 문장에 같이 사용된 것은 역사상 처음임에 틀림없다'고

말하는 것을 들은 사람이 최소 한 사람 이상은 될 겁니다."

오렌지는 또한 미국 아이비리그 대학 중 가장 와스프(앵글로색슨 개신교 성향)적이고 유행에 민감한 프린스턴대학과도 연관성이 있다. 주황색과 검은색은 1867년 야구 경기에서 신입생 조지 워드George Ward가 이 대학의 첫 번째 건물 이름의 주인공 윌리엄 오브 오렌지William of Orange를 기리기 위해 주황색을 프린스턴의 컬러로 채택할 것을 제안한 후 프린스턴을 대표하는 색이 되었다.

1868년에는 검은색으로 '프린스턴' 단어가 새겨진 오렌지색 리본 배지가 도입되었다. 1896년에 이 두 색이 프린스턴의 공식 컬러로 선정되었고, 독특한 오렌지색과 검은색의 재킷이 1912년 처음 등장하였다. 25주년 기념으로 입는 프린스턴 동창회 재킷은 1904년에는 검은색, 크림색, 오렌지색 줄무늬에서 시작하여, 1916년에는 검은색 옷깃과 단추가 달린 밝은 오렌지색으로, 1965년에는 대학 마스코트와 축구팀에 경의를 표하는 호랑이 줄무늬까지 다양한 형태로 변신을 거듭해 왔다.

감옥의 죄수복

파이퍼 케르만Piper Kerman은 2010년 감옥에서 쓴 회고록을 《오렌지 이즈 더 뉴 블랙Orange is the New Black》이라 불렀다. 이는 자신과 같은 패션에 민감한 백인 여성들이 교도소 시스템에 따라 주황색 죄수복을 입어야 하는 상황을 빗댄 말이다.

케르만은 자신의 회고록 제목에 영감을 준 감옥에서의 순간을 묘사했다.

어느 날 그녀는 친구에게 편지를 받는다. 편지 안에는 〈뉴욕 타임스〉의 일요일판에 실린 빌 커닝햄Bill Cunningham의 '온 더 스트릿' 패션 칼럼도 들어 있었다. 칼럼에는 'Oranginas Uncorked(오렌지나 주스 개봉)'이라는 제목과 함께 모든 연령대, 인종 및 다양한 신체 사이즈의 여성들이 주황색 옷을 입은 모습이 등장한다. 케르만은 다음과 같이 썼다.

"나는 조심스럽게 오려낸 부분을 사물함 문에 붙였다. 사물함을 열 때마다 사랑하는 친구의 손글씨와 주황색 코트, 모자, 스카프를 쓴 여성들의 웃는 얼굴이 나를 반갑게 맞아주는 것만 같았다. 분명히 오렌지는 새로운 블랙이었다."

그녀의 회고록 제목과 달리 실제로 오렌지색은 미국 교도소에 수감 중인 죄수들이 착용한다. 교정시설에서는 카키색 바지와 병원용 수술복 같은 상의에 검은색 작업화를 신는다. 실제로 케르만이 '잘 맞지 않는 오렌지색 남성용 점프 슈트'를 받은 곳은 교정형이 끝나고 이송된 시카고 연방 교도소에서였다.

관타나모의 주황색 옷을 입은 죄수나 영화 〈콘 에어〉의 위험한 범죄자 이미지 덕분에 주황색은 죄수의 색으로 강한 이미지를 남겼다. 19세기 죄수들은 검은색과 흰색 줄무늬 옷을 입었는데, 이는 갱단과 관련되어 더욱 악명이 높아졌다. 죄수복은 교정 활동이나 탈출 시 눈에 잘 띄도록 디자인된다. 독특한 줄무늬에 이어 여러 주states에서 회색, 갈색 또는 녹색의 죄수복을 도입하였는데 1970년대 임시 시설이나 수송용으로 주황색 교도복이 등장했다. 그리고 이내 법정이나 다른 시설로 이송되는 죄수의 시각적 상징으로 널리 퍼지게 되었다.

〈오렌지 이즈 더 뉴 블랙〉이 넷플릭스에서 세계적인 성공을 거둔 후 미시간의 새기노 카운티 교도소Saginaw County Jail는 점프슈트나 바지 등 화려한 오렌지 색상의 옷을 일반인들도 입는 것을 고려해 수감자의 유니폼을 오렌지색에서 줄무늬로 바꾸었다. 보안관 윌리엄 페더슈필William Federspiel은 MLive.com에 나와 "어떤 사람들은 쇼핑몰이나 공공장소에서 오렌지색 점프슈트를 입고 새기노 카운티 교도소의 수감자처럼 보이는 것을 멋지다고 생각합니다. 하지만 수감자들이 공공장소에서 일할 때도 있는데 우리는 일반인들이 혼동하거나 수감자가 유유히 도망가는 상황은 원하지 않습니다."라고 말했다.

디스토피아 오렌지

안전상의 이유로 노란색이 채택된 것처럼 주황색 역시 야간과 안개 속에서도 잘 보이기 때문에 구명조끼, 부표, 반사 작업복에 사용되었다. 영화 〈백 투 더 퓨처〉에서 마티 맥플라이

Marty McFly는 부모님이 처음 사랑에 빠졌던 1955년으로 시간 여행을 떠난다. 데님 재킷, 빛바랜 청바지, 나이키 스니커즈, 캘빈 클라인 언더웨어, 퀼팅 오렌지 보디 워머 등 그의 의상은 영화 전반에 걸쳐 1980년대와 1950년대를 확실히 구분하는 핵심적인 효과로 작용했다. 마티는 자정 무렵 브라운 박사를 만나는데 편하고 따뜻하며, 어둠 속에서도 눈에 잘 띄는 조끼 형태의 두툼한 보디 워머를 입고 나간다. 그가 1950년대로 시간 여행을 떠나면 이 워머는 구명조끼가 된다. 힐 밸리Hill Valle의 식당에 들어서자 주인 루Lou가 마티에게 묻는다.

"뭐하다 왔나? 배에서 뛰어내리기라도 했나?"

비프 타넨Biff Tannen의 갱단도 농담을 건넨다.

"구명조끼를 가져다줘라. 이 얼간이는 자기가 익사한다고 생각하나 보다!"

보디 워머는 1960년대가 되어서야 스키 탈 때 입는 운동복으로 처음 등장했다. 비로소 오렌지색을 슬로프에서도 볼 수 있게 된 것이다.

가시성이 뛰어난 오렌지색 유해물질을 막는 보호복은 대중문화를 통해 디스토피아의 이미지를 얻었다. 우주 비행사 옷을 입은 주인공들이 공기호흡기를 차고 느린 움직임으로 걷는 모습은 영화나 드라마에 종종 등장한다. 영화 〈아마겟돈〉에서 브루스 윌리스와 벤 애플렉이 이끄는 승무원은 세계를 구하기 위해 성층권으로 돌진할 준비를 하며 오렌지색 우주복을 입고 타맥 구역을 가로질러 걷는다. 2020년 3월 저널리스트 시린 케일 Sirin Kale은 〈가디언〉에 "보호복이 영화 제작자들에게 그렇게 유용한 이유는 인간이 육안으로 볼 수 없는 것, 즉 질병으로 인한 생명의 위협을 가시화하기 때문이다."라는 글을 기고했다.

보호복의 색상은 제조업체와 사용 장소에 따라 다르지만, 주황색은 주변을 압도하며 위험을 알리는 명확한 경고를 나타낸다. 따라서 주황색은 이러한 시각적 효과 측면에서 가장 인기 있는 색 중 하나이다.

미국 증권 거래소에서 열린 캘빈 클라인의 2018년 가을 컬렉션에는 디스토피아 비전이 펼쳐졌다. 불에 타는 듯한 짙은 오렌지색 보호복, 흰색 긴 장화, 그리고 뜨개질한 발라클라바(머리, 얼굴, 목을 덮는 방한모)를 착용한 모델들이 런웨이를 걸었다. 패션 섹션 편집 담당인 애덤 초언 Adam Tschorn은 2018년 2월 14일자 〈로스앤젤레스 타임스〉에 다음과 같이 기고했다.

"쇼가 시작되자 오렌지색 보호복, 발라클라바, 앞이 둥근 유틸리티 부츠의 퍼레이드가 디스토피아의 비전을 분명히 드러냈다. 지구 온난화 또는 핵전쟁으로 옥수수밭이 전부 타버린 미국 중서부의 미래가 보였다. 환경 재앙을 청소하는 이미지를 나타낸 프라다의 모델들은 '작업복과 서부의 유해물질 보호복의 만남'이란 의미의 컬렉션 의상을 입었다."

베니스 영화제에서 안야 테일러 조이(2021)

<오렌지 이즈 더 뉴 블랙>(2013-2019)의 테일러 실링

뉴욕에서 지지 하디드(2018)

프라다의 2018 가을 컬렉션에서는 모델들이 마치 실험실에 들어가는 것처럼 클립식 이름표와 오렌지색 신발 커버를 착용하고, 오렌지색 나일론 재킷에 트위드 스커트 차림을 선보였다. 오렌지색 유해물질 보호복을 패션 아이템으로 활용하는 디스토피아적 스타일은 정치적 불안정, 거리 시위, 기후 변화 등 시대의 염려와 스트레스에 제격이었다. 재난 영화 〈아웃브레이크: 지구 최후의 날〉에 등장하는 오렌지색 보호복이 그 어느 때보다 더욱 와닿는다. 코로나19 팬데믹을 맞아 인류의 불안이 최고조에 달해 있었기 때문이다.

유해물질 보호복이 디스토피아적 의미를 상징했지만, 기본적으로 오렌지는 따뜻함, 자신감, 행복을 나타낸다. Z세대 옐로우, 밀레니얼 핑크와 함께 오렌지는 대담하고 외향적인 느낌을 주며 인스타그램 시대에 컴백했다. 패션 작가 로라 크레이크Laura Craik는 2011년 11월 19일 〈더 타임스〉에 "패션 애호가라면 형광 주황 레깅스는 입지 않을 것이다. 하지만 패셔니스타라면 입을 것이다."라고 기고했다. 2020년 《원더랜드 매거진》에는 여배우 안야 테일러-조이Anya Taylor-Joy가 보테가 베네타의 밝은 오렌지색 코트를 입고 있는 모습이 등장한다. 여전히 오렌지색에는 위험성이 내포되어 있지만 그러기에 가장 유행을 선도하는 사람들만이 소화할 수 있음을 보여준다. 테일러-조이는 2021년 베니스 영화제에서도 눈부신 주황색 옷을 입었다.

오렌지색은 상큼한 감귤류의 과일과 보티첼리와 라파엘 전파의 작품에서 볼 수 있는 사랑과 다산의 상징이다. 하지만 전통적으로는 입기 어려운 색으로 여겨져 왔다. 1960년대와 1970년대 보라색이나 갈색과 충돌하고 유해물질 보호복, 교도소의 죄수복, 경고 표지판처럼 눈에 띄는 역할을 했다. 하지만 한 가지 확실한 것은 주황색은 항상 사람에게 어떠한 영향을 미친다는 것이다.

런던 렌소르 트위드 코트를 입은 모
이라 하워드(1947)

갈색은 자연의 색이다. 나뭇결이 살아 있는 인테리어, 가죽과 스웨이드의 자연스러운 톤, 황금빛과 고사리와 같은 여러 들풀에서 자연스레 드러난다. 또한 다양한 색조로 짜인 스코틀랜드의 전통 트위드 재킷의 편안함에 이르기까지 흙빛은 따뜻함과 고독감을 자아낸다. 물론 그것은 혼탁한 색일 수도 있다. 데릭 자먼Derek Jarman의 컬러에 관한 책 《크로마 Chroma》에는 "갈색에 단색 파장이란 존재하지 않는다. 갈색은 일종의 어두운 노란색이다."라고 기술되어 있다. 빨강, 노랑, 파랑의 원색을 섞으면 베이지, 회갈색, 황갈색, 밤색, 녹색은 물론 밤, 코코아, 커피, 모카, 라떼, 토피, 카라멜 등 유혹적이고 편안한 이름의 다양한 색상이 생성된다. 모든 갈색 색조는 중립적이어서 더 대담하거나 밝은 색을 돋보이게 한다. 녹색이나 오렌지와 결합하면 완전한 자연의 느낌을 전달하며 신뢰감을 준다.

BROWN

고혹적이고 중후한 멋을 가진 색으로 갈색이 꼽힌다. 어느 톤의 갈색이든 고풍스런 이미지로 무게감을 전달하며 침착함을 유도한다. 그러면서도 멋내지 않은 자연스러움을 전달하며 편안으로 다가온다. 갈색이 사랑받는 이유이다.

파리 리츠 호텔의 바 헤밍웨이Bar Hemingway는 나무 패널, 테이블 및 의자 등 연한 갈색풍의 고풍스러운 감각이 특징이다. 어니스트 헤밍웨이가 살아 숨 쉬는 듯한 편안함으로 현대적 호텔의 치치 패션(지나치게 꾸며 인위적인 느낌이 드는 것)에서 유일하게 벗어날 수 있는 공간이다. 이곳은 헤밍웨이가 가장 좋아했던 바였다. 톤 다운된 연한 갈색 컬러는 유명 인테리어 디자이너 엘시 드 울프Elsie de Wolfe에게도 사랑받았다. 아테네의 파르테논 신전을 본 순간 그녀는 자연석에 매료되어 "그래 바로 내가 원하던 컬러는 베이지야!"라고 말했다. 코코 샤넬 또한 자연의 베이지를 보면 편안함을 느낀다며 컬 렉션에 자주 사용했다.

전통적으로 갈색은 영국 섭정 시대의 버프 바지와 판탈룽(과거 몸에 딱 붙는 남성용 바지), 아이비리그 스타일을 대표하는 카키색 또는 빈티지 코듀로이 바지 등 주로 바지 컬러에 사용되었다. 브라운은 신뢰를 상징하며, 진지한 이미지를 주지만 지루하고 세련미가 부족한 느낌을 자아내기도 한다. 팔꿈치 부분에 갈색 가죽 패치가 달린 트위드 재킷을 입은 옥스퍼드대학 교수나 갈색 양복을 입고 출근하는 사업가는 종종 패션 감각이 부족한 사람으로 여겨진다.

갈색은 레드카펫에 등장하는 색이 아니다. 단, 1990년 아카데미 시상식에서 심플하고 절제된 아르마니의 갈색 드레스를 입은 줄리아 로버츠나, 2002년 초콜릿 브라운 컬러의 발렌티노 드레스를 입은 할리 베리, 2020년 골든 글로브에서 얇은 소재의 갈색 펜디 드레스를 입은 기네스 팰트로는 예외다.

한편, 갈색은 불길함과도 연관성이 있다. 1920년대와 1930년대 나치의 준군사 조직 스터마브테일룽Sturmabteil-ung은 제1차 세계대전에서 갈색 제복을 입었다. 전문 암살단원으로 훈련된 그들은 집합적으로 '브라운 셔츠'로 불렸다. 브라운 제복의 그들은 이탈리아의 베니토 무솔리니Benito Mussolini가 이끈 국가 파시스트당National Fascist Party의 블랙셔츠와 마찬가지로 단일 컬러의 상징으로 위협적인 집단이 되었다.

그러나 브라운은 그 어떤 색보다 패션의 핵심에 스며들어 있다. 브랜드 이름 예거Jaeger로 알려진 순모직물의 혁신 카멜색 코트와 버버리의 베이지 트렌치코트는 둘 다 아이비리그 스타일에 기반을 두고 있다. 또한 군복의 카키색은 나중에 그 자체로 패션이 되었다. 그러나 패션계에 도입되기 전, 갈색은 사회의 가장 가난한 사람들이 입는 색이었다.

빈민가의 천

빨강, 보라, 검정처럼 강하고 값비싼 염료가 필요한 색은 부유층에서만 사용하도록 한 중세의 사치금지법이 도입된 이후, 갈색 직물은 회색, 빛바랜 노란색, 녹색과 함께 사회의 가장 낮은 계층을 위한 색으로 밀려났다. 갈색은 티리안 퍼플처럼 눈부신 빛을 발하거나 빨간색과 같이 풍부한 화려함을 선사하는 색이 아니었다. 오히려 칙칙하고 둔탁한 느낌을 주는 색이었다.

갈색 천 염색의 초기 방법은 황토와 철의 녹 같은 광물을 흙 성분으로 문지른 후 나무 수지, 타액, 소변이 묻은 천에 바르는 것이었다. 천연염료의 매염제로 사용되는 철 화합물은 타닌류의 식물과 결합 시 직물을 갈색이나 검은색 등 어두운 톤으로 변하게 한다. 이는 기원전 14세기부터 고대 이집트인들이 사용하던 염색법이다. 중세의 염색 설명서에서는 갈색에 대한 염색법을 찾아볼 수 없다. 이는 매우 권위 있다고 여겼던 강한 흑색과 빨간색 천과는 달리 갈색 천에 대한 수요가 없었음을 의미한다.

갈색 천은 사회의 가장 가난한 사람들을 위해 남겨둔 저렴하고 거친 직물이었다. 1363년 에드워드 3세의 의회는 바지와 상의에 적갈색의 양모로 된 천만 극빈자들이 사용하도록 규정하는 사치금지법을 도입했다. 1840년대와 1850년대 초반을 시골에서 보낸 작가 토마스 하디Thomas Hardy는 저서 《귀향》에서 전통적인 농민 복장에 애절한 마음을 담아냈다. 에그돈 히스^{Egdon} Heath에서 털을 깎고 있는 소설의 주인공 클림 요브라이트^{Clym} Yeobright를 '초록색 애벌레가 먹이로 착각할 정도로 주변 풍경과 구별되지 않는 러셋 색조', '고색의 갈색 옷'을 입은 모습으로 묘사해 놓았다.

19세기 처음 사용된 베이지^{beige}라는 용어는 따분하고 재미없는 사람이나 물건을 뜻하는 프랑스어에서 유래되었다. 연한 엷은 황갈색 컬러의 염색하지 않은 양털로 만든 천을 뜻한다. 천연 양모를 착용하는 아이디어는 놀바인딩^{nålebinding}으로 알려진 크로셰 기법을 사용하여 부드럽고 자연스러운 베이지색 또는 갈색 양모로 양말, 속옷, 레깅스, 벙어리 장갑을 만들어 입던 바이킹 시대로 거슬러 올라간다. 양모는 바이킹의 긴 항해 동안 인체를 보호하는 역할을 했다.

19세기 말 아닐린 염료의 독성 공포가 대중에게 퍼지면서, 농부들이 입는 베이지색과 갈색의 옷감이 의복 개혁가들의 관심을 끌었다. 독일의 박물학자 구스타프 예거^{Gustav Jaeger} 박사는 저서 《건강 문화》에 질병과 싸우는 방법, 침실 창문을 열어 두는 등의 호흡기 건강 유지법, '위생적인 모직 시스템' 제안 등 건강 관련 지혜와 지식을 기록하였다.

그는 합성염색이 아닌 자연적이고 염색되지 않은 양모를 피부에 착용해야 한다고 믿었다. 흰 양의 털은 부정교배나 비정상적인 선택적 번식을 통해 생산될 가능성이 크기에 흰색보다는 천연 갈색 양모가 건강에 훨씬 좋다고 주장했다. 또한 그의 책에는 불편한 신발과 합성 소재 스타킹을 신고 밤새 춤을 추던 한 젊은 여성의 이야기가 담겨 있다. 염색약의 독이 발에 난 상처를 통해 혈액에 들어가 목숨을 건지기 위해 그녀는 두 발을 절단한다.

그는 염색된 옷이 신체의 신경에 미치는 영향을 파악하기 위해 엽기적인 실험을 벌였다. 검은 옷과 연한 갈색 옷을 입은 상태에서 동작을 멈출 때의 반응 시간이 얼마나 다른지 각각 측정했다. 두 실험에서 인디고나 통나무로 염색된 어두운색 정장을 입었을 때보다 갈색 정장을 입었을 때 더 빠른 반응을 보였다. 그리고 더 먼 거리를 달릴 수 있다는 사실도 발견했다.

1884년 영국의 사업가 루이스 토말린Lewis Tomalin은 예거 박사의 가르침을 기반으로 양모 제작을 위해 위생 모직 시스템 유한회사Jaeger's Sanitary Woollen System Company Limited를 설립했다. 그의 철학과 갈색 선호는 건강과 따뜻함을 제공하는 양모와 동물 섬유를 홍보하는 브랜드 예거Jaeger로 성장했다. 이후 예거는 갈색 양모 슈트부터 천연 양모 속옷, 카멜 코트 등 다양한 제품을 시장에 내놓았다.

18세기 베이지와 버프바지

1774년 5대 데본셔 공작과 결혼한 17세의 레이디 조지아나 스펜서는 자신의 아름다움과 재치, 패션 안목으로 하룻밤 사이에 센세이션을 일으켰다. 그녀가 입는 것은 무엇이든 신문에 보도되었고 런던과 파리의 여성들은 그녀를 따라 하기에 바빴다. 그녀 덕분에 길이 3피트의 깃털 머리 장식과 머리 탑에 둥지를 틀고 있는 우스꽝스러운 장신구의 수요가 늘어났으며 '데본셔 브라운'이라는 색이 사전에도 올랐다.

정치계 호스티스로 영향력이 있던 그녀는 진보적이고 민주적인 휘그당Whig party과 동맹을 맺었다. 그리고 당과 당의 지도자인 찰스 제임스 폭스Charles James Fox를 위한 캠페인에 베이지색과 파란색 옷을 선택했다. 그녀는 채즈워스 하우스Chatsworth House의 조각상 같은 보병의 유니폼 색으로도 베이지를 선택했다. 휘그당의 베이지색 남성용 바지와 반바지는 남성 패션에 영향을 미쳤으며 친미 정당의 모던함을 대변했다.

18세기 들어 스포츠와 야외 활동의 증가, 정교하고 까다로운 패션에 대한 반발로 자연 갈색의 단순하고 러프한 천으로 된 옷을 선호하기 시작했다. 1798년 프랑스 소설가 오노레 드 발자크 Honoré de Balzac는 '브로드broadcloth와 실크의 전쟁'이라 언급할 정도로 아비 아 라 프랑세즈habit à la francaise의 18세기 남성복 패션은 단순하고 투박한 스타일로 서서히 바뀌어갔다.

토마스 게인즈버러의 데본셔 공작부인 조지아나 (1783)

1940년대 예거 낙타 코트 광고

발모랄에서 신혼여행 중인 찰스 와 다이애나(1981)

영국 섭정 시대 신사 스타일 표준을 수립한 보 브럼멜Beau Brummell은 영국 제10 후사르 검 기병대에서 영감을 받았다. 그가 선보인 타이트한 반바지와 판탈룽 바지, 흰색 셔츠, 풀을 먹인 칼라와 크라바트(넥타이처럼 매는 남성 스카프), 파란색 군대 스타일 코트, 잘 닦인 헤센Hessian 부츠는 간결한 스타일을 선동했다. 18세기 후반 영국 군대와 해외 군사 활동은 황갈색 천연 가죽 장갑에서 외투에 이르기까지 간결하면서도 통합된 남성 스타일을 형성하는 데 도움이 되었다.

그리스 신의 마른 체격을 흉내내기 위해 남성들은 백인의 살색과 비슷한 톤의 반바지나 담황색 양털 판탈룽 바지를 입었는데, 너무 꼭 낀 나머지 속옷을 입지 못할 정도였다. 그리고 그들의 다리가 적절하게 근육질로 보이도록 종아리에 패딩을 넣기도 했다. 1950년대와 1960년대 젊은이들이 스키니핏 청바지를 입기 위해 그랬던 것처럼, 그 당시 남성들 역시 스키니핏에 몸을 맞추기 위해 욕조에 앉아 있었다는 이야기가 있다. 근육질 다리와 가랑이 주변의 신체가 매우 강조되는 에로틱한 핏 때문에 당시 스키니 남성 패션은 종종 '너무 강렬해서 말로 할 수 없는' 스타일로 묘사되기도 한다.

트위드 스토리

1981년 발모랄에 신혼여행 중이던 찰스 왕세자와 다이애나는 목가적인 하이랜드 풍경에 둘러싸여 전 세계 언론이 지켜보는 가운데 사진촬영을 위한 포즈를 취했다. 찰스 왕세자는 모스그린 컬러 브이넥의 킬트를 입었고, 다이애나는 빌 파슬리Bill Pashley가 디자인한 트위드 사냥복을 입었는데, 흙빛 체크 무늬가 전체적으로 베이지 효과를 냈다. 그 색상과 직물은 그녀가 왕실에 받아들여졌음을 의미했다. 소박한 트위드 차림은 19세기부터 영국 귀족이 시골 사유지에서 입는 전통적인 옷차림으로 야생의 척박한 풍경과 고사리와 같은 자연의 흙빛에서 영감을 얻어 제작되었다.

1830년대 신사들의 트위드 바지와 사냥 재킷 차림의 유행에 영향을 준 사람은 월터 스콧 경Sir Walter Scott이었다. 아우터 헤브리디스Outer Hebrides제도의 스코틀랜드 농부에 의해 실용적 직물로 생산되었던 트위드는 따뜻하고 튼튼한 직물 특성으로 인해 아웃도어 스포츠웨어의 원단으로 매우 적합했다. 그리하여 사냥과 사격을 하며 시골에서 주말을 보내는 귀족 옷장의 필수 요소가 되었다.

1890년대 처음 소개된 현대식 자전거는 마차, 말, 남자 동반자 없이도 독립적으로 거리를 다닐 수 있어 여성에게 열광적으로 받아들여졌다. 1880년대 야외 활동에 참여하는 여성의 실용적인 옷을 주창하는 '합리적 복장 협회Rational Dress Society'에서는 치마바지 스타일의 소재로 적합한 트위드를 적극적으로 홍보했다. 차분한 갈색의 트위드는 페티코트 등 화려하면서도 복잡한 빅토리아 시대 여성 패션보다 소박하고 차분해 초반에는 여성의 옷치고는 너무 남성적이고 퉁명스러운 스타일이라 조롱받았다.

그러나 제1차, 2차 세계대전을 치르면서 여성에게 더 많은 자유를 제공하는 옷과 남성을 위한 편안한 스포츠웨어 룩이 선호되면서 트위드는 남성과 여성 모두에게 널리 퍼졌다. 당시 가장 패셔너블 했던 에드워드 8세(윈저 공작)는 패치 장식의 슈팅 슈트와 헐렁한 반바지, 마름모꼴이 연속 배치된 무늬를 일컫는 아가일 양말과 함께 고풍스러운 해리스 트위드(스코틀랜드 해리스 섬에서 나는 손으로 짠 스카치 트위드) 재킷을 자신을 드러내는 필수 요소로 삼았다. 그는 검소한 스타일로 1897년에 제작된 부친의 로스시Rothesay 트위드 사냥복을 물려받아 입을 정도였다.

벤 애플렉은 영화 〈아르고〉에서 1970년대 후반 이란에 있던 CIA 요원 역할을 위해 해리스 트위드 재킷을 입었다. 시대를 반영한 매우 적절한 선택이었다. 해리스 트위드 재킷은 냉전 동안 미국 스파이들이 실제 입었던 옷이다. 그는 2013년 〈가디언〉과의 인터뷰에서 "그것은 우리의 유니폼이었습니다. 그 재킷들은 우리 그룹을 대표하는 것이었지요. 해외 파견을 나간 CIA 요원은 현장 근무를 합니다. 블리츠(제2차 세계대전 당시 독일의 영국 대공습) 시절 현장에 있었다면 트렌치코트를 입었을 것입니다.

이반(소련과 그 동맹국들)을 추적하고 있었다면, 해리스 트위드를 입었겠죠."라고 밝혔다.

트위드 재킷은 눈에 띄지 않고, 주의도 끌지 않는 편이다. 오렌지와 올리브 그린, 연한 갈색의 실을 다양한 짜임으로 엮어 직물에 개성을 더한다. 스코틀랜드 전통 직물에 강한 관심을 가진 알렉산더 맥퀸이 알프레드 히치콕 감독으로부터 영감을 받은 2005/2006 가을/겨울 컬렉션을 포함하여 그의 디자인에 트위드를 사용한 이후, 트위드는 추종 세력을 얻을 정도로 인기를 끌었다.

트위드는 밀레니엄의 '힙스터(자연친화적, 진보 성향의 문화코드를 고유하며 고유한 패션을 추구하는 사람들)' 운동에 통합되어 아이러니한 문구로 착용되었다. 9/11 테러 이후, Y세대(1980년부터 1995년 사이 태어난 세대)는 전쟁과 테러의 그늘에서 살았다. 이러한 불안정과 만연한 사회적 불평등을 삶의 배경으로 한 그들은 과거의 모습에서 위안을 찾고 자연 감성을 추구했다. 이러한 추세는 2008년 금융 위기와 기후 변화에 대한 우려로 더욱 심화되었다.

카키색 유니폼

1914년 제1차 세계대전이 발발하자 자원병들은 영국군에 입대하여 새로운 카키색 군복을 입었다. 아직 전투로 단련되지 않은 이들의 몸에 카키색 군복은 헐렁하고 어울리지 않았지만 젊은 여성들은 제복 입은 남성의 모습에 반해 '카키 열병'에 걸렸다. 그로 인해 자원병 모집 포스터에는 "왜 카키색 옷을 입지 않습니까?"라는 문구가 쓰이기도 했다. 젊은 청년들이 자원하지 않고는 못 버틸 분위기였다.

제1차 세계대전의 카키색 군복은 카키의 기원인 탁한 갈색보다 올리브그린에 더 가까웠지만, 올리브에서 칙칙한 갈색, 엷은 갈색, 베이지색으로 나뉘어 어느 부서인지 알아보게 했다.

'카키'라는 명명은 먼지를 뜻하는 우르두어 'khak'에서 유래한다. 1846년 페샤와르Peshawar에서 호위 군단을 조직하고 위장을 위해 군복에 진흙을 문지른 해리 럼스덴 경Sir Harry Lumsden이 명명했다. 그는 이를 '칙칙한'이라고 불렀고, 초기 베이지 색상은 흰 천에 차, 커피, 흙, 카레 가루 등을 묻혀서 만들었으며 매우 큰 규모로 생산되었다. 1885년 인도의 모든 연대는 튜닉(경찰이나 군인의 몸에 딱 붙는 재킷)과 바지로 된 카키색 제복을 지급받았다. 이전의 붉은색 재킷보다 군인들을 훨씬 덜 눈에 띄어 전투에 유리했다.

1939년 9월 3일 영국의 대독일 선전포고를 위한 국민 복무를 위한 국군법National Service, Armed Forces Act이 도입되었다. 18세에서 41세 사이 모든 남성은 군대에 등록하고 원하는 부대를 선택하도록 의무화된 것이다. 대다수 남성은 육군을 택했다. 육군 신병들은 거칠고 몸에 맞지 않는 카키색 제복을 받았는데 그로 인해 '갈색 직업'이라는 별명까지 얻었다. 이에 육군은 1938년

WOMAN'S PLACE IN WAR
The Army of the United States
has 239 kinds of jobs for women
THE WOMEN'S ARMY CORPS

1941년부터 1945년까지의 여성군단 모집 포스터

제62회 아카데미 시상식에서 줄리아
로버츠(1990)

짧은 블루종(허리 부분을 조이는 헐렁한 상의) 재킷과 베이지색 모직으로 된 헐렁한 바지로 구성된 새로운 카키색 '전투복'을 도입했다. 가장 효율적인 군복으로 여겨지는 이 새로운 전투복은 1941년 말 참전한 미국의 육군 야전 재킷에도 영감을 주었다.

제2차 세계대전에는 여성도 군대에 입대했다. 여성보조공군 WAAF과 여성 왕립해군WRNS의 파란 군복은 큰 인기를 끌었다. 항공수송보조군ATA은 카키색 제복을 제작하였다. 제1차 세계대전 중 보조영토군ATS에 입대하여 운전, 타이핑과 행정, 요리, 대공 및 탐조등 배터리 작업에 배치된 20만 명 여군의 카키색 군복은 촌스럽고 어울리지 않았다. 심지어 스타킹도 카키색이었는데, 이는 영국해군 여군부대의 화려한 검은색 스타킹과 현저히 대조적이었다. 그러나 1945년 봄 엘리자베스 공주가 운전사와 정비사로 ATS에 등록한 뒤 카키색 군복의 이미지는 완전히 달라졌다.

ATS는 가난한 배경을 가진 여성들에게 더 나은 삶의 기회를 제공했다. 그들은 하루에 세 끼의 식사와 개인 침대, 새 옷을 받았다. 여러 벌의 속옷을 갖기 힘들었던 시기에, 카키색 속바지 세 벌, 카키색 면으로 안감을 댄 벨트가 달린 카키색 모직 튜닉과 스커트, 카키색 셔츠와 넥타이가 지급되었다. 비록 탐탁지 않은 갈색 톤이 도는 녹색에 칙칙한 디자인이지만 여성들은 허리가 잘록한 모래시계 모양의 보디 실루엣을 살리기 위해 벨트를 더 조였다.

여기에 더해 1942년 영국 해안에 도착한 미군들 덕분에 카키색 군복은 흠모의 대상이 되었다. 그들이 '올리브 드랍'색 군복에 옅은 갈색 셔츠와 넥타이, 모자를 착용했기 때문이다.

역사학자 존 키건John Keegan은 연합군의 대공습일D-Day을 준비하는 과정을 지켜보던 소년으로서 "영국 군인들은 머리부터 발끝까지 카키색 옷을 입고 있었고, 모양도 없고 털이 많아 존경할 만한 구석을 거의 찾을 수 없었다."라고 실망감을 표했다. 그러나 미국인들이 입은 카키색 군복을 보는 순간 그와 그의 학교 친구들은 "그들의 매끄러운 카키색 옷은 자선 바자회에 등장할 법한 제복을 입은 우리 군인들과는 달리 대단히 멋져 보였다."라며 놀라움을 금치 못했다. 스테파니 배트스톤Stephanie Batstone은 워링턴Warrington에서 열린 '양크 댄스'에서 미군이 춤을 추는 것을 보고 다음과 같이 말했다.

"그들의 손은 부드럽고 연한 색의 아름다운 천 위에 있었고, 눈빛은 미군 군복에 달린 직무 견장처럼 힘 있어 보였어요. 그들은 촌스러운 부츠가 아닌 완벽한 군화를 신고 있었어요. 물론 실수로 누군가의 발등을 밟지도 않았지요."

아이비 룩

제2차 세계대전 후 영국 귀족 스타일에 미국 기능주의가 섞인 캐주얼하고 스포티한 카키색 바지가 아이비리그 룩으로 인기를 끌었다. 뉴욕패션스쿨 박물관 부소장인 패트리샤 미어스Patricia Mears에 따르면, '아이비'라는 용어는 대학 간 운동경기 규정을 제정하려는 열망에 따라 1954년 전미대학체육협회의 콘퍼런스 기간에 생성되었다. 초기에는 로마숫자 'IV'로 하버드, 예일, 프린스턴, 컬럼비아 4개의 명문대학을 지칭했다. 그러나 '담쟁이로 뒤덮인' 또는 '담쟁이로 덮인' 이들 대학의 모습이 이미 1888년의 소설에 등장했음을 지적하는 사람도 있다.

영국의 댄디 스타일, 특히 노포크Norfolk 재킷과 트위드 수트를 입은 학생 시절의 윈저 공작(에드워드 8세)에 의해 형성된 아이비리그 스타일은 1920년대와 1930년대 미국 WASP대학 캠퍼스에 스며들었다. 아이비리그가 다양한 색상을 포용했지만 카키색 바지부터 연갈색 트위드 재킷, 갈색의 낮은 굽인 위준weejun 로퍼까지 갈색이 지배적이었다. 1935년 가을, 《어패럴 아츠 매거진》은 느슨한 쓰리 버튼 브라운 헤링본 셰틀랜드 정장, 크림색 플란넬 격자무늬 조끼, 브라운 오버체크의 신입생 룩에 주목했다.

1960년대 젊은 일본인들은 도쿄 거리를 아이비리그 스타일로 수놓았다. 당시 이 패션은 아이비Aibii로 하위문화였으나 수십 년 후 '아빠 스타일'이 되었다. 1965년 일본인 사업가 이시즈 쇼스케Shosuke Ishizu는 미국 패션을 일본인들에게 판매하기 위해 전담팀을 꾸려 아이비리그 캠퍼스로 보냈다. 직접적인 관찰 결과, 아이비룩의 필수 구성 요소는 평범한 소재나 헤링본 소재의 트위드 재킷, 카멜색 폴로 코트, '베이지 또는 올리브 브라운의 레글런 소매, 폴로 또는 버버리 레인코트'와 '베이지 색 포플린 골프 자켓, 퀼트 스키 파카, 갈색톤의 더플 코트'였다.

아이비리그 스타일은 미국의 대표 디자이너 랄프 로렌과 토미 힐피거의 '프레피Preppy' 스타일로 알려졌고, 1970년대 히피 운동에 거부하며 고전과 보수 스타일을 선호하는 세력에 의해 번성을 누렸다. 특히 세련된 이미지의 스티브 맥퀸Steve McQueen이 영화 〈블리트〉의 주연 마초 형사 역으로 결정되자, 도시적인 스타일의 영화 제작에 기대감이 높아졌다. 맥퀸은 검은 폴로 목폴라, 갈색 헤링본 트위드 재킷과 어깨 위로 우연히 깃이 떨어지는 베이지색 오버코트를 입고 매력을 유감없이 발휘했다. 여주인공 재클린 비셋Jacqueline Bisset은 롤넥roll-neck 카멜색 코트를 포함하여 기능적이지만 독특한 옷을 착용함으로써 스타일의 시너지 효과를 냈다.

아이비리그 스타일의 인기는 1970년 개봉된 영화 〈러브 스토리〉의 도움도 받았다. 펄 솜너Pearl Somner와 앨리스 마틴Alice Manougian Martin이 디자인한 프레피룩 의상은 영화의 주인공 라이언 오닐과 알리 맥그로우를 통해 전 세계에서 유행했다. 특히 캠퍼스 주변을 산책하며 사랑에 빠졌던 맥그로우의 카멜색 코

<러브 스토리>(1970)의 라이언 오닐과 알리 맥 그로우

영화 <추억>(1973)의 로버트 레드포드와 바브라 스트라이샌드

2019년 9월 파리 패션 위크에서 올리비아 팔레르모

트와 오닐의 베이지색 폴로 코트, 브라운 양가죽 재킷 및 치노바지는 당시의 패션을 정의했다.

예거가 디자인한 오리지널 카멜색 코트는 1919년 처음 등장한 이후, 런던을 파리와 함께 패션의 도시로 올려놓았다. '카멜'이라는 단어는 정확히 황갈색을 뜻하지만, 코트의 이름은 튼튼한 낙타털에서 기인한다. 낮에는 극심한 고온과 밤이 되면 추워지는 사막에서 낙타의 생존을 보장하는 튼튼한 털로 만든 직물은 내구성이 뛰어났다. 제2차 세계대전 중 실크, 가죽 및 양모가 부족해진 상황에서 낙타털이 주목을 받게 된 것이다. 이에 예거는 낙타털로 만든 모직을 전시 유틸리티 의류 라인에 포함시켰다. 하지만 요즘의 '카멜색 코트'는 양모 또는 기타 천연 섬유로 만들어진다.

카멜 코트는 1960년대 후반과 1970년대 영화 의상에 빠지지 않고 등장한다. 영화 〈추억〉의 한 장면을 보면 뉴욕 거리에서 로버트 레드포드Robert Redford를 발견한 바브라 스트라이샌드는 벨트가 달린 카멜 코트의 매무새를 다듬는다. 옅은 갈색 코트는 서로에게 새로운 파트너가 생겨 재결합이 안 된다는 것을 알지만 이 둘을 연결한다. 1970년대에 개봉된 영화임에도 영화 속 의상은 카멜이 지닌 시대를 초월한 고급스러움과 클래식한 면을 유감없이 드러냈다. 이 영화 의상에서 영감을 받아 1981년 막스 마라의 101801 카멜 캐시미어 코트를 디자인한 앤 마리 베레타Anne-Marie Beretta는 "이 코트는 첫 번째 피난처입니다."라고 표현했다. 단순한 스타일의 카멜 색상 코트는 클래식한 미니멀리즘으로 유명한 막스 마라의 시그니처이다.

트렌치 코트

프레피 스타일은 영국 브랜드 버버리Burberry에 의해 유명해진 베이지색 트렌치코트다. 시골에서 직물점을 운영했던 토마스 버버리Thomas Burberry는 개버딘gabardine 능직으로 특허를 받아 1890년대 옷을 만들어 판매하기 시작했다. 개버딘 직물은 필드 스포츠를 위해 설계되었으며 제1차 세계대전 중 참호 생활을 하는 장교들이 착용하였다. 베이지, 블랙, 레드의 체크무늬 안감이 특징인 버버리 트렌치코트는 1920년대 그레타 가르보Greta Garbo와 마를렌 디트리히Marlene Dietrich 같은 양성애자 여배우들의 사랑을 받으며 유니섹스 아이템이 되었다.

밀레니엄 시대가 열리면서 비키니, 야구 모자 및 헤드 스카프에도 독특한 버버리 체크가 사용돼 브랜드의 특징이 되었다. 빅토리아 베컴 등 스타들이 버버리 체크 의상을 착용한 사진이 보도되면서 고급 브랜드의 이미지를 얻고 젊은이들이 좋는 '유행'이 되었다.

2004년 버버리를 재창조하고 배타적 브랜드 위치로 되돌리기 위해 버버리는 크리스토퍼 베일리Christopher Bailey를 크리에이티브 디렉터로 고용한다. 그는 식상한 디자인으로 그 가치가 떨어진 디자인에 쿨^{cool}한 이미지를 불어넣어 브랜드에 활력을 불어넣었다. 동시에 클래식한 베이지색 개버딘 벨트 트렌치코트 스타일은 보존하였다.

어글리 시크^{Ugly Chic}

1970년대는 세계적으로 정치적 격변과 불안정의 시기였다. 그래서일까. 자연의 색과 가깝고 전통적이며 안정적인 오렌지와 녹색이 결합된 갈색 톤이 사랑을 받았다. 1973년 혁신적이지만 짧은 역사 뒤로 사라진 켄싱턴^{Kensington} 백화점을 개장한 패션 브랜드 비바^{Biba}는 에드워드 시대의 아르누보 스타일을 모방함으로써 고객들에게 적갈색 톤에 대한 향수 불러일으켰다. 이에 대해 〈뉴욕 타임스〉는 다음과 같이 묘사했다.

"그 백화점의 내부는 독특하다. 짙은 갈색이 주를 이루고 모카 빛 조명과 백화점 전체를 덮고 있는 카펫, 심지어 쓰레기 바구니까지 비추는 황갈색 거울이 카운터를 덮고 있다."

1970년대를 연상시키지만 90년대 스타일을 가미한 영국의 인디 밴드 펄프^{Pulp}는 1995년 싱글 곡 〈Common People〉의 대성공으로 대중문화에 지울 수 없는 영향을 미쳤다. 리드 싱어인 자비스 코커^{Jarvis Cocker}는 바자회에서나 볼 수 있는 낡은 느낌의 갈색 트위드 재킷, 코듀로이 원단의 옷, 야한 폴리에스터 셔츠를

1986년 10월 파리에서 열린 아제딘 알라아 패션쇼

<불릿>(1968)의 스티브 맥퀸

인도 총리를 위한 백악관 만찬에
서 미셸 오바마(2009)

뒤죽박죽으로 입어 괴짜 시크 룩을 창조해냈다. 그러나 이 스타일은 프라다의 1996년 봄/여름 컬렉션에 채택되었고 공식적으로 '바날 에센트리시티Banal Eccentricity'라고 명명되었다. 일반적으로는 '어글리 시크' 룩으로 불렸다.

모델 케이트 모스Kate Moss와 앰버 발레타Amber Valletta는 1970년대 A라인 스커트와 머드 브라운과 레몬색, 짙은 보라 오베르진, 황갈색 러스트 컬러 기하학적 무늬가 담긴 셔츠를 입고 캣워크를 걸었다. 패션 비평가인 로빈 기브핸Robin D. Givhan은 1996년 5월 워싱턴 포스트 기사에 '어글리가 왔다'고 썼다. 어떻게 그 컬러들이 슬라임과 곰팡이 색과 비슷한 두 톤 사이를 왔다 갔다 했는지 설명하며 "갈색은 탁하며, 해가 긴 여름날의 찌는 듯한 더위에 고여 있는 물과 같은 색이다."라고 표현했다.

누드 톤

패션 디자이너 아제딘 알라샤Azzedine Alaïa의 1987년 봄/여름 컬렉션에서 모델달은 '보디콘Body-Con' 모양으로 알려진 신축성 있으면서도 몸매를 그대로 드러내는 드레스를 입고 파리 거리에 섰다. 크림과 갈색의 다양한 색조로 된 의상이 모델들의 피부색과 어우러진 드레스였다.

'누드'톤은 옅은 복숭앗빛 갈색으로 묘사되지만, 하얀 피부만 지칭한다는 점에서 한계가 있다. 2009년 11월 미셸 오바마는 인

도 총리를 위한 국빈 만찬에 인도계 디자이너 나임 칸Naeem Khan
이 디자인한 은색 꽃 모티브의 크림색 드레스를 입었다. 하지만
이 드레스의 컬러를 지칭하는 용어를 둘러싸고 논란이 발생했
다. AP통신의 '살색'이라는 표현이 광범위한 비판을 불러일으킨
것이다. 그러자 그들은 서둘러 '샴페인' 색이라는 단어로 바꿨
다. 2010년 5월 〈가디언〉은 "핫 패션 컬러 누드는 인종차별적
인가?"라는 기사를 올렸고, 미디어 웹사이트 제저벨Jezebel은 "누
드? 누구의 것인가Nude? For whom?"라는 질문을 던졌다.

'누드 톤'은 2010년 봄/여름 컬렉션을 지배했다. 주요 출판물
의 패션 사설에 등장할 만큼 트렌드였다. 2010년 5월호《엘르》
는 '누드 톤은 봄/여름의 색'이라고 선언했다.

폴라 코코자Paula Cocozza는 2010년 〈가디언〉에 "누드 색은
잠재적으로 모욕적인 의미를 함의하고 있을 뿐만 아니라 스타
일이 형성되는 방식과 전체 트렌드의 개념을 보여준다."라고
썼다. 그리고 "이 옅은 색조들은 파리, 밀라노, 런던, 뉴욕의 캣
워크에서 거의 하얀 피부의 모델이 착용하고 있더군요. 그것은
하얀 피부에 대한 모든 것을 보여주는 표현입니다."라고 인터
뷰했다.

어두운 피부색은 패션과 미용 산업계에서 대부분 무시되었
다. 이에 자기 몸 긍정주의 운동body positivity movement이 일어났
다. 다양한 체형을 가감 없이 드러내는 캠페인을 벌였을 뿐만

아니라, 모든 피부색에 맞춘 메이크업 컬러의 등장과 '누드 색'와 '살색'이라는 단어가 역사 속으로 사라지도록 추진했다.

최근 몇 년 동안 케임브리지 공작부인(케이트 미들턴)이 선호하는 '누드' 힐은 주요 패션 아이템이 되었지만, 피부색을 반영하기보다는 옅은 베이지의 누드를 일컫는다. 다양한 색조의 누드 힐 컬렉션과 함께 '누드'의 색을 최초로 언급한 사람은 크리스티안 루부탱이다.

발레 슈즈의 연분홍색은 전통적으로 '누드'로 간주되었다. 미국에서는 2017년 게이놀 민든Gaynor Minden이, 영국에서는 2018년 무용슈즈 제작사 프리드Freed가 발레 블랙 무용단Ballet Black dance company과 손잡고 포괄적인 범위의 슈즈를 만들기 전까지 어두운 피부를 위한 포인트 슈즈를 만드는 회사가 없었다. 그래서 자신의 피부색에 어울리는 타이즈나 속옷을 찾지 못해 좌절한 사업가 아데 하센Ade Hassan은 2014년 다양한 피부색에 따라 누드톤의 언더웨어 선택이 가능하도록 누비안 스킨Nubian Skin을 출시했다. 이 제품은 현재 전 세계 50개국에서 판매되고 있다. 가수이자 디자이너 리한나가 설립한 브랜드 펜티 뷰티Fenty Beauty는 2017년 9월 출시 당시 40개의 다른 색조로 구성된 파운데이션과 컨실러를 선보였다. 오랫동안 표현되지 않았던 다양한 피부색을 위한 누드 톤으로 하룻밤 사이에 센세이션을 일으켰다. 맥 코스메틱스Mac Cosmetics처럼 광범위한 색조를 갖춘 브랜드가 없는 것은 아니었지만, 펜티 뷰티는 광고에 유색인종 여성을 출연시켜 브랜드 이미지를 대중에게 각인시켰다. 시장 출시 첫 40일 만에 1억 달러의 매출을 올렸으며 타임지는 펜티 뷰티를 '메이크업 팔레트를 넓힌' 2018년 50대 천재 기업 중 하나로 꼽았다.

킴 카사디안Kim Kardashian의 스킴스Skims 라인은 나일론과 스판덱스를 소재로 한 다양한 셰이프웨어 속옷이다. 카사디안의 스킴스는 실루엣의 윤곽을 잡으려는 셰이프웨어의 기본 목적으로 모든 신체 사이즈와 모든 피부색의 여성이 착용할 수 있도록 신체를 긍정적으로 본다. 전통적으로 베이지색이나 검은색으로만 출시되었던 셰이프웨어를 카다시안은 다양한 피부색을 위한 9가지 색상으로 컬러 범위를 넓혔다. 그녀는 새로운 색상에 가장 어두운 톤의 '오닉스', 그 중간 톤의 '오커', '시에나', '옥사이드' 같은 이름을 붙였다.

'브라운'은 전통적인 빅토리아 시대의 미학이 묻어나는 트위드 자켓부터, 버버리의 트렌치 코트나 카멜 코트 같이 시대에 상관없이 유행을 타지 않는다. 갈색은 어둡고 칙칙하여 멋이 안 난다고 여겨질 수도 있다. 건강과 고독을 상징할 수도 있지만, '누드'와 '살색'에 대한 논쟁이 보여주듯 광범위하고 특정하기 어려운 색임은 틀림없다.

<귀여운 여인>(1990)에서 줄리아 로버츠

영화 〈제저벨〉의 주인공 줄리 마스든Julie Marsden은 뉴올리언스의 성질 고약한 미녀로 알려져 있다. 그녀는 미혼 여성은 순백색 드레스를 입고 올림푸스 무도회에 참석해야 한다는 당시 관행을 깨고 반짝이는 빨간색 드레스를 입고 등장해 눈총을 받는다. 그리고 약혼자 프레스Pres에게 파혼당한다. 성경에서 붉은 망토를 입고 붉은 짐승을 탄 바빌론의 창녀 같은 존재로 낙인찍힌 것이다. 이후 그녀는 전염성 강한 황열병 환자 집단 거주지에서 생활하고 있던 전 약혼자 프레스를 돌보며 자신을 희생함으로써 다시 인정받는다.

이 영화에서 의상 디자이너인 오리 켈리Orry-Kelly는 환상적인 느낌을 표현하기 위해 광택이 나는 녹갈색 직물을 사용했지만, 주인공 줄리의 대담한 행동과 그로 인한 따돌림 장면에서는 빨간색이 주요 색으로 활용되었다. 백옥같이 하얀 피부에 선혈처럼 돈보이는 빨간색 드레스는 1936년 할리우드의 실제 사건에서 영감을 받았다고 한다.

RED

붉은 태양 때문일까? 빨강은 열정과 강함을 드러내며 우리를 제압한다. 대충 넘어가지 않고 최선을 다해 집중을 추구하는 색이다. 그래서 빨강이 있는 곳에 우리 시선이 꽂힌다. 꿈과 목표를 위해 정진할 마음을 다잡기 위해!

그해 메이페어 무도회Mayfair Ball 게스트 목록에 영화계 엘리트의 이름이 발표되었고, 무도회 호스티스인 캐롤 롬바드Carole Lombard는 여성들은 다른 컬러가 일절 섞이지 않은 순백색의 드레스를 입고 올 것을 요청했다. 하지만 여배우 노마 시어러 Norma Shearer는 눈에 띄는 진홍색 드레스를 입고 등장했다. 항상 무대에서 돋보이려 했던 그녀는 모두의 시선을 사로잡겠다고 생각했다. 칼럼니스트 헤다 호퍼Hedda Hopper는 1945년의 그날을 다음과 같이 회상했다.

"무도회가 열렸던 올드 빅토르 위고 레스토랑Old Victor Hugo Restaurant의 계단을 내려가는 노마 시어러에게 모든 시선이 집중되었다. 달랑거리는 진주 귀걸이 사이로 그녀는 환한 미소를 짓고 있었다. 그녀는 지금껏 본 색상 중 가장 강렬한 레드 이브닝드레스를 입고 있었다. 그녀에게서 불꽃이 튀는 것만 같았다. 사람들은 숨이 멎었다. 캐롤의 얼굴은 그녀가 입고 있던 순백색의 드레스보다 더 하얗게 질려 있었다. 무도회 호스티스인 캐롤은 곧바로 돌아서서 무도회장을 뛰쳐나가 버렸다. 그때 키가 크고 어두운 피부의 매우 잘생긴 남자가 서둘러 그녀를 뒤쫓아 가는 것을 보았다. 그는 문밖까지 그녀를 따라가 집에 바래다주었다. 그의 이름은 클라크 게이블Clark Gable이었다. 그들의 로맨스가 실제로 시작된 밤이었다."

빨간색은 사이렌, 교통 정지신호, 영화 〈이유 없는 반항〉의 제임스 딘이 입은 바람막이처럼 경고의 신호를 나타낸다. 빨간 옷을 입은 여성은 어딜 가나 눈에 띄게 마련이다. 영화 〈마스크〉에서 카메론 디아즈는 허벅지 부분이 훅 파인 몸에 딱 달라붙는 레드 드레스를 입고 등장한다. 이 빨간 드레스는 시선을 교란시키는 역할로 은행 강도 계획에 동참한다. 영화 〈매트릭스〉에서도 빨간 드레스가 네오Neo의 시선을 분산시키는 역할을 했다. 〈누가 로져 래빗을 모함했나〉의 제시카 래빗Jessica Rabbit이나 〈사랑의 행로〉의 미셸 파이퍼 역시 레드 의상을 입고 관객의 시선과 관심을 사로잡는다. 미셸 파이퍼의 빨간 옷은 그녀가 자신의 관능미를 온전히 컨트롤하고 있음을 보여준다.

빨간색은 시선을 사로잡는 색이기에 올 화이트 복장의 무도회에 등장한 빨간 드레스처럼 종종 부적절하거나 촌스러운 선택으로 간주되기도 한다. 영화 〈붉은 옷의 신부〉에서 조안 크로포드Joan Crawford는 목조 건물 리조트에서 귀족인 척하는 카바레 가수 애니Anni를 연기한다. 그녀는 항상 빨간 드레스를 꿈꾸었는데, 이는 더 나은 삶을 살려는 욕망의 표현이다. 상류 사회의 관습을 모르는 애니에게 청소부는 레드 드레스를 입지 말라고 강력히 권고하지만 끝내 빨간색을 선택한다. 결국 애니는 이 레드 드레스가 너무 요란하고 싸구려이며 잘못된 관심을 불러일으켰다는 것을 뒤늦게 깨달았다.

동화 빨간 망토

아마 문학에서 가장 유명하고 오래된 빨간 옷은 동화《빨간 망토》속 망토일 것이다. 빨간 옷을 입은 소녀와 소녀의 할머니, 그리고 커다란 늑대 이야기는 1023년경 리에주 주교 에그버트 Egbert의 구전 동화로 거슬러 올라간다.

샤를 페로Charles Perrault의 1697년 버전《Le Petit Chaperon Rouge》에는 손녀를 애지중지하는 할머니가 만들어 준 빨간 망토 의상은 주인공의 성별을 강조하며 어린 소녀에게 자신을 잡아먹을지도 모르는 낯선 존재와 함부로 대화하지 말라는 경고의 역할을 한다.

빨간색은 휴일을 기념하거나 여행 중인 소녀가 사랑하는 친척을 방문할 때 가장 아끼는 옷을 입는 전통을 반영하기도 한다. 중세 시대에 소녀들이 가장 좋아하는 색 역시 빨간색이었다.

빨간색의 상징적 힘은 문학, 설화, 전설에서 흔히 볼 수 있다.

<꽃으로 머리를 장식하는 궁녀들>(기원전 9세기)

아뇰로 브론치노의<톨레도의 엘리노
어 초상화>(1543)

그림 형제의《빨간 모자》독일 삽화

특히 동화에서는 흰색, 검은색과 함께 빨간색이 자주 언급된다. 《빨간 망토》에서 빨강은 망토, 검정은 늑대, 하양은 소녀가 들고 있는 버터로 묘사된다. 그림 형제의 동화 《백설공주》에서도 이 세 가지 색이 등장한다. 주인공의 모친은 '눈처럼 하얗고, 피처럼 붉은 혈색인데 액자의 프레임처럼 검은 머리' 빛을 가진 아이를 원한다.

빨강, 하양, 검정은 삼원색으로 초기 동굴 벽화와 예술 작품에도 쓰였다. 그리고 기독교의 삼색으로 채택되기도 했다. 빨간색은 피와 생명, 검은색은 어둠, 흰색은 순수와 성령을 상징한다. 이 세 가지 색 중 빨간색은 모든 색을 반사하는 흰색, 그것을 흡수하는 검은색과 반대인 파장을 지니고 있어 우리 눈이 '실제로' 볼 수 있는 첫 번째 색으로 간주된다.

빨간색의 힘

빨간색은 불타는 태양, 붉은 머리 짐승, 전쟁과 혼돈, 폭력과 파괴를 상징한다. 또한 피, 힘, 생명을 의미한다. 종종 붉은 거들을 착용하는 다산의 여신 이시스Isis의 핏방울을 상징하는 붉은 벽옥, 카넬리안 또는 붉은 유리로 만들어진 티에트 부적Tyet amulet을 지닌 사람은 이시스의 보호를 받는다고 여겼다. '이시스의 매듭'이라 알려진 이 부적은 생리혈을 흡수하는 천과 비슷해 여성들에게 생명을 주는 힘을 연상케 한다.

구석기 시대에도 빨간색은 보호의 의미로 사용되었다. 부적, 목걸이, 팔찌를 만들기 위해 뼈와 치아를 빨갛게 칠한 조각들이 매장지에서 발견되었다. 로마 시대에는 붉은 천과 보석이 무덤에 놓였는데, 그중에서도 루비가 가장 귀했다. 루비는 몸을 따뜻하게 하고, 성욕을 불러일으키며, 마음을 자극하고 독이 있는 생물을 멀리 쫓는 힘이 있다고 믿었다.

중국에서는 새해 행사나 결혼식이 열리면 빨간 등불과 빨간 종이봉투를 전통적으로 사용해 왔다. 붉은색은 기쁨, 행운, 축하를 상징하는 상서로운 색으로 신부가 결혼식에 붉은 드레스와 붉은 베일을 착용하면 악령이 쫓겨나간다고 믿었다. 힌두교 문화에서도 빨간색은 번영, 다산, 순수, 열정을 가져다주는 혼인의 색이다. 신랑은 빨간색 터번을, 신부는 빨간색 사리를 입고 이마에는 빨간색 빈디를 그린다.

빨간색이 나타내는 불과 피는 삶과 죽음을 관장한다. 초기 기독교는 붉은색을 지옥의 파괴적인 불꽃, 악마, 악령과 연결했지만, 12세기와 13세기에 이르러서는 그리스도 피의 상징으로 여겨 로마 추기경들도 붉은색 망토와 모자를 쓰기 시작했다. 또한 판사와 법 관련 일을 하는 사람들이 정의를 대표하기 위해 빨간색을 착용했다. 마이클 파스토로Michel Pastoureau의 논문 〈Red: The History of a Color, 2016〉에는 다음과 같은 글이 실려 있다.

"권력의 붉은 색, 죄의 붉은 색, 처벌의 붉은 색, 흘려야 할 피

의 붉은 색: 우리는 이러한 붉은 색의 상징을 현대 시대에도 지
속적으로 찾을 수 있다."

적색 염색의 역사

고대 세계에서 붉은 염료는 주로 두 가지 물질로 만들어졌다.
하나는 꼭두서니의 뿌리이며, 다른 하나는 페르시아어로 '붉은'
을 뜻하는 연지벌레 암컷의 건조된 몸이다. 이들은 르네상스 시
대와 스페인의 아메리카 식민지화 전까지 붉은 염료의 주 원천
이었다.

서양 꼭두서니의 분홍빛 뿌리는 염색 직물로 재배되는 가장
오래되고 가장 널리 사용되는 물질 중 하나이다. 이스라엘 남부
의 팀나Timna 계곡에서 발굴된 기원전 11세기에서 10세기 사이
의 직물 조각들 역시 꼭두서니 식물을 사용해 붉은색으로 염색
된 것으로 밝혀졌다.

흔히 유럽어로 '곡물'이라는 이름을 갖게 된 작은 밀이나 씨앗
으로 오인되는 연지벌레는 고대 그리스와 로마에서 광범위하게
거래되었으며, 서기 1세기에 로마의 정치가인 플리니우스Pliny
는 '연지벌레의 붉은 색이 꽃의 색깔에 필적하는 직물 중 첫 번
째'라고 언급했다. 참나무 수액을 먹고 사는 이 작은 곤충으로부
터 염료를 추출하는 것은 무척이나 힘든 과정이다. 붉은 염료는
암컷에서만 나오는데 알을 낳을 준비를 하는 순간에 포획해야

한다. 이후 햇볕에서 말리고 으깨는 과정에서 비로소 붉은 즙이 분비된다. 따라서 적은 양의 염료를 얻으려 해도 많은 양의 곤충이 필요하다.

중국과 동아시아에서는 기원전 2세기부터 비단 염색에 홍화가 사용되기 시작했다. 9세기 초 당나라 화가 주방Zhou Fang의 비단 두루마리에 그려진 그림 〈꽃으로 머리를 장식한 궁중 여인들〉처럼 홍화로 붉은 색조의 옷을 만들어 입었다. 하지만 홍화는 색이 빨리 빠지는 단점이 있다. 19세기에 이르러서야 코치닐이나 양홍(외국의 붉은 색)이 널리 사용되었다.

일본인들에게 빨간색은 호화로움과 관능의 상징이다. 홍화와 꼭두서니의 도입으로 일본에서도 빨간색 염색은 호황을 맞이했다. 18세기 고위급 사무라이들은 코치닐로 염색하고 양철 모르타르로 색을 고정한 값비싼 유럽산 붉은 양모로 만들어진 민소매 재킷, 즉 짐바보리(갑옷 위에 입는 호사용 조끼)를 입었다.

아메리카 대륙의 코치닐과 경쟁할 붉은 염료는 없었다. 가시배 선인장을 먹고 자라는 이 곤충은 가장 밝으며 빛이 바래지 않는 붉은 색을 만들어낸다. 연지벌레처럼 미국산 코치닐 역시 암컷만을 사용해 햇볕에 말리고 물에 담가 추출하지만, 연지벌레 염료 추출물의 10배를 생성하기에 이내 모든 붉은 염료를 대체하게 되었다.

에콰도르 북부에서 칠레 남부에 이르는 지역을 지배했던 잉카는 붉은색을 고대 신화적 기원과 연관시켰다. 최초의 잉카 여왕인 마마 오클로Mama-Ocll는 붉은 드레스를 입고 동굴에서 나왔다고 한다. 코치닐 염색 의복은 신들에게 신호를 보내는 역할로 잉카 문화에서 중요한 의미를 지닌다. 잉카의 카파초카capacocha 종교의식 동안, 붉은 옷과 흰옷을 입은 젊은 여성을 천둥의 신 일야파Ilyapa에게 제물로 바친 것이다.

잉카의 마지막 왕족 투팍 아마루Túpac Amaru는 1572년 스페인 침략자들에 의해 쇠사슬에 묶여 처형 장소인 쿠스코 중앙 광장으로 끌려나갔다. 그는 스페인 스타일의 망토와 코치닐 염색의 벨벳 더블렛을 입고, 머리에는 붉은색 장식 술이 이마를 덮는 잉카 왕실의 전통 머리 장식인 마스카페이추masca-paychu를 쓰고 있었다. 그가 교수대에 선 것은 잉카 문명의 종말이었다. 이를 보고 1만 5천 명의 군중은 비통함과 고뇌에 찬 비명을 질렀다.

연지벌레가 가장 귀한 붉은 염료 공급원이었던 유럽도 20세기 말 코치닐로 대체되었다. 코치닐은 약탈한 금과 함께 스페인 제국의 가장 수익성이 높은 상품 중 하나가 되었다. 그들은 코치닐을 위해 식민지 대륙을 휩쓸고 원주민의 땅을 점령했다. 16세기 중반까지 스페인 함대는 매년 125톤에서 150톤의 건조된 코치닐을 아메리카에서 유럽으로 수송했다. 이를 수송하던 스페인 함대는 해적들과 영국 갈레온선의 표적이 되었다. 엘리자베스 1세의 총애를 받던 제2대 에식스 백작 로버트 데브룩Robert

Devereux은 스페인 배를 덮쳐 1597년 많은 양의 코치닐을 포획했다. 그리고 얼마 지나지 않아 그는 자신의 초상화를 위해 진홍색 로브를 입고 포즈를 취했다.

코치닐은 스페인에서 네덜란드와 프랑스로, 멕시코에서 필리핀으로, 실크로드를 따라 중동으로 수출되어 고급스러운 베네치아 벨벳 제작은 물론 영국 군인용 붉은색 제복에도 사용되었다. 또한 양모 염색 및 귀족 여성의 뺨을 붉게 하는 화장품 제작에도 이용되었다.

1548년 베니스에서 출판된 《The Plictho Of Gioanventura Rosetti》는 염색 기술에 관해 인쇄된 최초의 책이다. 르네상스 이탈리아에서 베네치아 레드 색을 얻기 위해 코치닐보다는 연지벌레와 꼭두서니를 사용한 염색법이 실렸다. 또한 핑크톤을 만들어내거나 꼭두서니 보충제로 사용되는 미국 열대지방에서 수입된 브라질 나무 추출물을 이용한 염색법도 실었다. 초기에 사용의 제한이 있었지만, 추기경들의 빨간 망토와 모자 염색을 위해 16세기 후반 코치닐 염색은 이탈리아에서도 널리 퍼지기 시작했다. 이때에도 꼭두서니는 더 저렴한 대안으로써 계속 사용되었다.

18세기 암스테르담 염색업자들은 코치닐 염료에 소금과 강황을 첨가하여 짙고 보라빛이 감도는 진홍색과 밝고 진한 선홍색, 스칼렛 오렌지를 만들어냈다. 장 헬로Jean Hellot는 1789년 저서 《Art of Dying Wool, Silk and Cotton》에서 '파이어 스칼렛 fire scarlet은 오렌지색으로 물들어 빨갛고 눈부시다는 뜻으로, 'Meztique' 또는 'Texcale'이라 불렀다. 아울러 이 아름다운 색을 만들어낸 코치닐은 멕시코에서 상당히 많이 발견되는 곤충이라고 설명했다.

1715년 프랑스 궁정 패션이 유럽의 지배적인 스타일이 되면서, 짙은 빨강은 복숭아빛 분홍색, 콘플라워 블루스, 레몬 노란색에 밀려 유행이 사라졌다. 그러나 가난한 계층의 여성들은 휴일과 축제의 날에 아껴 두었던 빨간 드레스를 입었다. 남성들은 꼭두서니로 염색한 저가의 빨간색 옷을 입었다.

1859년 프랑스의 화학자 프랑수아-에마누엘 베르갱François-Emmanuel Verguin이 발견한 풍부한 진홍색 '푹신fuchsine'은 나폴레옹 3세가 오스트리아 제국을 상대로 승리한 이후 '마젠타'로 이름이 바뀌었다. 이후 10년 동안 당시의 가장 화려한 화학 색조 중 하나로 자리 잡았다. 1884년 폴 뵈티거Paul Böttiger가 발견한 '콩코 레드Congored'는 매염제를 사용하지 않고 면화에 직접 입히는 최초의 염료였다. 1868년 독일의 화학자 칼 그레베Carl Graebe 와 칼 리버만Carl Liebermann이 영국 화학자 윌리엄 퍼킨William Perkin과 함께 적색 염료 '합성 알리자린alizarin'을 만들었다.

합성염료가 발전해도 1914년 여름, 전쟁에 참여한 프랑스 보병의 빨간 바지와 모자 염색에는 꼭두서니가 사용되었다. 그러나 1870년부터 변함없이 붉은색이었던 프랑스 군복은 전장의 음침한 분위기에 쉽게 독일군의 눈에 띄었다. 이에 1915년 봄, 프랑스 육군이 눈에 잘 띄지 않는 색으로 군복이 교체되면서 꼭두서니 염색도 더는 사용되지 않게 되었다.

르네상스의 빨간색

1495년 파리에서 처음 인쇄된 문장학의 색깔에 대한 익명의 안내서 《Le Blason des Couleurs en Armes, Livrées et Devises》에 다음과 같은 글이 실렸다.

"미덕 중에서 빨간색은 고귀한 출생, 명예, 용기, 관대함, 대담함을 의미한다. 그것은 또한 우리 주 예수 그리스도를 기리는 공의와 관용의 색이다. 빨간색은 다른 색들을 고귀하게 만든다. 빨간 옷 한 벌은 입는 사람에게 큰 용기를 준다. 녹색과 짝을 이룬 빨간색은 아름다움과 젊음, 그리고 기쁨을 의미한다. 푸른색과 함께 사용되면 지혜와 충실함을, 노란색과 함께 사용되면 탐욕과 욕망을 나타낸다. 빨간색은 검은색과 어울리지 않지만 회색과 함께 사용되면 큰 희망을 나타낸다. 또한 아름다운 흰색과 함께 사용되면 매우 높은 경지의 고귀함을 엿볼 수 있다."

중세 시대, 빨간색은 전쟁이나 사냥에 나가는 남성에게 힘과 영광을, 여성에게는 아름다움과 사랑을 선사했다. 붉은 드레스는 매력적이고 매혹적으로 디자인되었다. 중세 마상대회에서 여성이 기사에게 사랑의 표시로 붉은색 소매를 주었는데, 이를 기사의 창에 묶으면 행운이 온다고 믿었다.

중세 영국은 양모 생산의 강국이었다. 15세기부터 서아프리카의 강국이었던 베냉왕국과 무역을 시작한 유럽에서 주홍색 털실은 매우 귀중한 무역품 중 하나였다. 선명한 붉은색과 주홍색을 만드는 비용과 상징성으로 붉은색은 유럽 전역에서 가장 높은 계급의 시민들만 사용하도록 엄격히 규제되었다. 그리고 붉은색 천의 수입을 제한함으로써 국내 경제도 보호하고, 신분의 계급 차이를 드러낼 목적으로 1337년에 사치금지법이 도입되었다.

꼭두서니가 아닌 연지벌레를 사용하여 염색된 고급 적색 직물은 '에스칼레이트escarlate' 또는 '스칼렛'이라 불렸다. 이는 원래 고급 양모로 만든 비싼 옷감을 묘사하는 용어였다. 하지만 이 직물이 주로 빨간색이었기에 색을 정의하는 단어로 자리잡게 되었다.

높은 염색 비용 때문에 베네치안 스칼렛이라 불렸던 연지벌레 염색 천은 고위층들의 전유물이었다. 염색 품질이 섞이지 않도록 꼭두서니와 연지벌레 기반의 염색 시설도 별도로 운영되었다. 꼭두서니 혹은 브라질우드로 염색된 레드는 종종 매춘부, 나환자, 죄수들에게 사용되었다. 이는 그들이 사회에서 버림받은 존재들임을 상징했다.

<더 브라이드 워 레드>(1937)의 조안 크로포드

<사랑의 행로>(1989)에서 미셸 파이퍼

성경의 한 장면을 묘사한 도메니코 기를란다요Domenico Ghirlandaio의 프레스코화에는 피렌체의 가장 저명한 시민들이 붉은 옷을 입고 있다. 그의 1491년 작품 〈방문Visitation〉에는 숙녀들이 붉은 드레스와 망토를 입고 있는 반면, 그보다 먼저 완성된 〈성전에서 추방된 요아킴〉을 보면 신사들이 붉은 망토와 모자를 쓰고 있다. 붉은색의 위대한 화가 티티안Titian은 진사(적색 황화수은)에서 나온 색소인 버밀리언vermillion을 사용하여 은은한 분홍에서부터 버건디에 이르기까지 매우 다양한 붉은 색상을 만들어냈다. 티티안의 〈성모 승천〉에는 하늘로 올라가는 마리아가 빨간색 드레스를 입고 있다.

제2대 피렌체 공작 코시모 데 메디치Cosimo de' Medici의 스페인 출신 아내 엘레오노르Eleanor는 자선활동을 펼치며 독자적 사업을 운영했다. 그녀는 능력 있는 여성이자, 금과 은색 실로 수놓인 최고급 비단과 벨벳의 패션으로 꾸밀 줄 아는 여성이었다. 그녀는 빨간 실크 스타킹을 매일 착용했는데 40세의 나이에 말라리아로 사망하면서 붉은 스타킹과 붉은 드레스를 입고 묻혔다. 1543년 아뇰로 브론치노Agnolo Bronzino가 그린 초상화에는 금사로 수 놓인 진주 장식의 붉은색 비단 가운을 입은 엘레오노르의 모습이 담겨 있다. 피렌체에서 유일하게 남아 있던 그녀의 드레스 중 하나가 피사의 팔라초 레알레 국립 박물관Museo Nazionale di Palazzo Reale에 소장되어 있다. 엘레오노르가 매장 당시 입었던 것과 매우 비슷한 스타일의 풍성한 레드 벨벳 드레스이다.

르네상스 시대 이탈리아처럼 영국 왕실에서도 연지벌레 염색 직물은 높은 비용 문제로 왕족만이 사용할 수 있었다. 1485년 가을, 헨리 7세는 10야드의 진홍색 벨벳과 6야드의 적색 다마스크 직물(양면의 무늬가 있는 두꺼운 실크나 린넨 천)과 64개의 족제비 흰색 털을 구입해 튜더 여왕에게 어울리는 새로운 의상을 마련하게 했다. 그리고 이후 1510년 헨리 8세는 의복 규제법인 사치금지법을 발표했다. 보라색 옷감이나 금빛 비단은 왕과 왕의 직계 가족만이 입도록 법을 정한 것이다. 진홍색이나 푸른색 벨벳은 가터의 기사단이나 그 이상의 계급에서만 착용이 가능했다. 헨리는 기사단에게 은색 튜더 장미로 장식된 진홍색 벨벳 코트를 선물로 주곤 했다. 또한 왕실 장인들에게는 빨간 양털 옷과 빨간 양털 모자를 수여했다.

스칼렛 페티코트

1587년 2월 8일 스코틀랜드의 메리 여왕이 처형되던 순간 그녀의 슬픈 검은 새틴 드레스가 벗겨지면서 짙은 주홍색 보디스와 페티코트가 드러났다. 안토니아 프레이저Antonia Fraser의 1969년 스튜어트 여왕 전기에는 다음과 같은 글이 실려 있다.

"검은 옷이 벗겨지면서 붉은색 페티코트와 목 부분이 등 뒤쪽으로 살짝 파인 레이스 장식의 붉은색 새틴 보디스가 드러났다. 시녀 중 한 명이 그녀에게 붉은 소매 한 쌍을 건네주었고 그녀는 온통 붉은색이었다. 피의 색이자 가톨릭교회에서 순교를 의미하는 붉은색과 함께 스코트랜드의 여왕이 죽는 순간이었다."

앤 불린Anne Boleyn 역시 1536년 5월 19일 런던탑에서 처형되던 순간 진홍색 페티코트를 입고 있었다. 하지만 그것은 단지 때 이른 죽음을 맞이하는 여성을 상징한다기보다 튜더 시대 페티코트의 일반적인 색상이라 볼 수 있다.

매우 추운 날씨는 때때로 템즈강을 꽁꽁 얼리곤 했다. 보온을 위해 사람들은 털실이나 모피로 된 방한복을 여러 겹 껴입었다. 스칼렛 색상의 플란넬(면이나 양모로 된 천)은 몸을 따뜻하게 하고 질병으로부터 보호해 준다고 여겼다. 플란넬의 천연 섬유는 온도 조절에 도움이 된다. 붉은색은 불과 관련이 있기에 심리적인 편안함도 제공해 오한과 열을 막아주는 심리효과를 얻을 수 있다. 성홍열을 앓았던 엘리자베스 1세 여왕도 회복을 돕기 위해 스칼렛 색상의 플란넬로 몸을 감쌌다. 19세기에 붉은 양모 플란넬은 방한용으로 사용되었다. 현재 교토 의상 연구소Kyoto Costume Institute에 소장 중인 1810년 빨간 양털 플란넬 승마용 코트는 얇은 모슬린 드레스 위에 입는 방한복 역할을 했다.

빨간색은 나폴레옹 전투에 참전했던 영국군의 군복에도 채택되었다. 코치닐로 염색한 빨간 군복은 영국 전역 어디에서든 흔히 볼 수 있었다. 《오만과 편견》에서 리디아Lydia는 위컴Wickham의 빨간 제복에 매료되었고, 베넷Bennet 부인은 "나도 빨간 코트를 좋아했던 그때를 매우 생생히 기억한다."라고 말했다.

1860년대 이탈리아 혁명가 주세페 가리발디Giuseppe Garibaldi의 빨간 셔츠에서 이름을 딴 빨간 모직은 '가리발디' 보디스였다. 여성스럽게 만들어진 남성 스타일의 이 패션은 훗날 여성 블라우스의 모태가 되었다.

정욕과 욕망의 붉은 색

빨강은 오랫동안 불법적이고 정욕적이며, 낭만적인 즐거움과 욕망을 나타내는 색이었다.

르네상스 시대에 큰 인기를 누렸던 다산과 독점성의 상징인 붉은 석류 패턴인 이탈리아 실크 벨벳은 중동에서 들여오는 높은 수입 비용 때문에 부유한 사람들만이 감당할 수 있었다.

빨간색은 욕망을 나타내기도 하지만 매춘과도 연관성이 있다. 성경의 계시록에서 바빌론의 창녀는 자주색과 주홍색 옷을 입으며 '성자들의 피와 순교자의 피가 섞인 술에 취한' 모습으로 묘사된다. 중세 말 유럽의 일부 도시와 마을에서는 나다니엘 호손Nathanial Hawthorne의 소설 《주홍글씨》에 등장하는 '그녀의 드레스는 가장 거친 소재의 가장 음침한 색조를 띠었으며 유일한 장식이라고는 그녀의 운명과도 같은 주홍글씨 하나뿐이었다'처럼 붉은색의 'A'를 죄인의 표식으로 새기기도 했다.

벨 에포크 시대, 파리 카바레에는 부유층과 상류층은 물론 비주류층도 한데 모여 호화롭고 화려한 캉캉 공연을 주로 관람했다. 물랑루즈Moulin Rouge라는 이름은 19세기 사창가 밖에 걸려 있던 붉은 빛과 무대 공연이 시작됨을 알리는 극장의 붉은 커튼을 연상시켰다. 앙리 드 툴루즈-로트렉Henri de Toulouse-Lautrec의 〈물랭가의 응접실〉에는 붉은 드레스와 분홍색 가운을 입은 창녀들이 안락한 레드 벨벳 소파 위에 누워 있는 모습으로 등장한다.

베르디의 오페라 〈라 트라비아타〉는 진정한 사랑을 위해 자신의 삶을 청산하고픈 파리의 창녀 비올레타Violetta의 비극적인 이야기를 들려준다. 알렉산더 뒤마Alexandre Dumas의 소설《춘희》는 영화 〈귀여운 여인〉과 〈물랑 루즈〉에 영감을 주었다. 두 영화에서 레드 드레스는 매우 강한 인상을 남겼다. 영화 물랑루즈에서 샤틴(니콜 키드먼)은 가장 인기 있는 댄서답게 빨간색 새틴 드레스를 입는다. 레드 드레스는 그녀의 열정이고 사랑이다. 카바레 정원에 있는 거대한 코끼리 상 위에서 그녀와 크리스티(이완 맥그리거)가 서로 사랑을 고백할 때도 샤틴은 빨간 옷을 입고 있다. 〈귀여운 여인〉에서 줄리아 로버츠는 자신의 인생 스토리와 비슷한 오페라 〈라 트라비아타〉 공연에 빨간 드레스를 입고 간다. 영화 의상 디자이너 마릴린 밴스Marilyn Vance는 주인공의 욕망을 최고조로 드러내는 부분이라고 말했다. 하지만

디올 S/S 컬렉션에서 카르멘 카스(2006)

영화 <비운의 여왕 매리>(2018)에서 메리 스튜어트 역의 시얼스 로넌

게리 마샬Garry Marshall 감독은 생각이 달랐던 것 같다.

"마샬 감독은 빨간색이 아니라 검은색을 원했습니다. 하지만 저는 그 부분에서는 빨간색이어야 한다는 것을 확신했고 끝까지 밀어붙였죠."라고 덧붙였다.

2010년 메트로폴리탄 오페라의 〈라 트라비아타〉 공연에서 붉은 드레스는 2막 내내 벽에 걸려 관객의 시선을 사로잡는 중요한 역할을 한다. 이는 창녀인 그녀의 삶을 상징하는 동시에, 폐결핵으로 비극적인 죽음을 맞이하게 되는 운명을 암시한다.

대중문화에서 빨간색은 여성의 죄악을 나타내기 위해 지속적으로 사용되었다. 〈바람과 함께 사라지다〉에서 레드 버틀러의 강요로 진홍색 벨벳 드레스를 입고 파티에 간 스칼렛 오하라는 애슐리가 자신을 유혹하자 수치심을 감추지 못한다. 〈다이얼 M을 돌려라〉에서 빨간 레이스 드레스는 그레이스 켈리가 간통자로 낙인찍혔음을 상징하며, 그녀가 연기한 주인공 마고Margot의 불륜이 얼마나 위험한지 나타낸다. 영화는 연분홍색 가디건과 치마를 입은 마고가 남편과 함께 아침 식사 테이블에 앉은 장면에서 시작되다 이내 벽난로 옆에서 새빨간 옷을 입고 마고와 연인이 포옹하는 장면으로 바뀐다. 알프레드 히치콕 감독은 '이 경우 빨간색은 멈추는 것이 아닌 진행의 의미'를 담고 있다고 설명했다.

마가렛 애트우드Margaret Atwood의 소설 《하녀 이야기》 속 하녀들의 빨간 원피스는 길리아드 공화국Republic of Gilead의 아기를 생산하는데 동원되는 여성들을 강조한다. 생리혈의 색인 빨간색은 다산을 상징하기도 하지만 중세에 붉은 옷을 입어야 했던 매춘부처럼, 여성 혐오 사회에서 불륜을 저지르는 여성으로 낙인찍는 역할도 했다. 또한 일종의 감옥 구실도 한다. 주인공 오프레드Offred는 빨간색 제복이 자신의 탈출을 방해하고 그곳에 계속 간혀 있게 한다는 사실을 깨닫는다.

혁명의 색, 빨강

1789년 7월 14일 바스티유의 습격 이후 프랑스 혁명이 일어나자 노동자 계급이 쓴 빨간 모자는 애국의 상징이 되었다. '보넷 루즈(빨간 모자)'는 권력자의 폭력에 타협하지 않는 민중의 모자였다. 이 모자로 노예, 죄수, 매춘부, 정신병 환자 등 사회에서 소외된 사람들이 입어야 했던 붉은 옷의 이미지가 완전히 바뀌었다.

1792년 6월 20일 봉기 동안, 튈르리를 습격한 폭도들은 루이 16세를 궁지에 몰아넣고 그의 머리에 빨간 모자를 씌웠다. 애국 신문 〈레 레볼루션 드 파리Les Revolutions de Paris〉는 '모든 비굴함으로부터 해방이며 전제주의의 적들을 위한 집회의 상징'이라고 빨간 모자를 묘사했다. 나아가 프랑스 민중 혁명에 영감을 준 미국 혁명가들이 착용한 스타일을 따라 '자유 모자'로도 알려지게 되었다.

1792년 군주제가 무너진 후, 붉은 모자는 창과 깃발, 문서의 상징으로 사용되었다. 그것은 피비린내 나는 혁명을 나타내기에 매우 적합한 색깔이었다. 19세기 프랑스 혁명 내내 휘날렸던 붉은 깃발은 산업 혁명 기간에도 노동자들의 권리 수호 운동을 상징했다. 붉은 깃발은 러시아 혁명 이후 1922년 소련에 의해, 1949년에는 중화인민공화국에 의해 또다시 채택된다. 1940년대와 1950년대 공산주의 공포가 미국에 퍼지자 빨간색은 공산주의의 상징이 되었다. 그래서 공산주의와 사회주의 동조자들은 모두 '빨갱이'로 불렸다.

1975년 멤버의 약물 중독과 내부 불화를 극복하고 뉴욕 라이브 공연 무대에 오른 그룹 뉴욕 돌스New York Dolls는 새로운 매니저 말콤 맥라렌의 권고에 따라 붉은 공산주의 깃발 앞에서 공연하는 동안 붉은 가죽 재킷을 입었다. 이는 대립적이고 의도적인 도발이었으며, 열정과 위험, 성sex, 정치 등 빨간색이 상징하는 모든 것을 보여주겠다는 의지였다.

디자인으로서의 빨간색

디올의 2006년 봄/여름 컬렉션에서는 프랑스 혁명의 빨간색을 강조했다. 디자이너인 존 갈리아노John Galliano는 피처럼 붉은색 망토와 코트, 그리고 소설가 마르키 드 사드Marquis de Sade

의 "오늘날 프랑스가 자유로운 것은 살인에 의한 것이 아닌가?" 라는 인용 문구가 새겨진 빨간색 드레스를 선보였다. 위험과 욕망을 표현하며 대중의 이목을 끌기에 충분했다.

코코 샤넬하면 블랙이 떠오르지만 그녀는 레드를 사랑한다고 공언한 바 있다. 강력하고 생명을 주는 색 빨강은 빨간 립스틱과 함께 그녀의 컬렉션에 여러 번 등장했다. 샤넬은 "빨간색은 피의 색이기에, 우리 내면에 이미 충분히 있다. 따라서 밖에 조금만 보여주면 된다."라고 말했다.

이탈리아의 패션 디자이너 발렌티노 가라바니Valentino Garavani는 "나는 빨간 옷을 입은 여자는 항상 훌륭하다고 생각해요."라고 말했다. 1959년 로마의 비아 콘도티Via Condotti에 작업실을 연 그의 첫 번째 봄/여름 컬렉션은 생기 넘치는 양귀비-레드 튤레 칵테일 드레스가 대표작이었다. 발렌티노가 '피에스타 Fiesta'라 이름 붙인 이 드레스는 즉시 인기를 끌었다. 덕분에 그는 상위 패션계에 입성할 수 있었다. 그리고 재클린 케네디의 응원에 힘입어 1960년대에 가장 인기 있는 디자이너 중 한 명이 되었다. 이후 그의 컬렉션에서 레드는 중요한 역할을 했다. 학생 시절 관람한 오페라 〈카르멘〉 공연은 그에게 색에 대한 열정을 촉발시켰다. 발렌티노는 당시를 회상하며 이렇게 말했다.

"무대 위의 모든 의상이 빨간색이었습니다. VIP석에 앉은 여성 관람객들도 대부분 빨간색 옷을 입고 제라늄 식물처럼 발코

발렌티노 A/W 컬렉션(2020/2021)

<물랑 루즈>(2001)에서 사틴 역의 니콜 키드먼

발렌티노 S/S 컬렉션(2012)

니 석에서 앞으로 몸을 숙이고 있었죠. 좌석과 커튼도 모두 빨간색이었습니다. 검은색과 흰색의 뒤를 이어 빨간색보다 더 좋은 색은 없다는 것을 깨달았죠."

'빨간 드레스 효과'는 누구나 한 번쯤 들어봤을 것이다. 연구에 따르면 빨간 옷은 특히 여성이 입었을 때 욕망의 감정을 유발하며 다른 색상보다 더 많은 남성의 관심을 받을 수 있다고 한다. 로체스터대학University of Rochester의 색상을 통한 심리 실험에 따르면, 빨간색 옷을 입거나 붉은 톤을 배경으로 한 사진을 찍은 여성들이 성적으로 더 매력 있다는 평가를 받았다. <국제호텔경영학회지International Journal of Hospitality Management>는 프랑스 남브루타뉴대학의 연구진Nicolas Guéguen and Céline Jacob이 빨간 립스틱을 착용한 웨이트리스가 남성 손님들로부터 더 많은 팁을 얻었다는 실험 결과를 실었다.

자연계가 동물을 유혹하기 위해 과일에 색을 입히듯 인간도 빨간색을 성적 매력으로 사용해 왔다. 18세기 프랑스 시녀들의 짙은 연지 장식에서부터 빅토리아 시크릿과 같은 란제리 회사에 이르기까지 빨간색은 필수였다. 우체통의 색이든 체리의 색이든, 진홍색이든 빛바랜 빨강이든, 빨간색은 인간이 입을 수 있는 가장 자극적이고 강력한 색 중 하나임은 틀림없다.

빅터앤롤프 S/S 컬렉션(2019)

패션계의 초현실주의 디자이너 엘사 스키아파렐리Elsa Schiaparelli의 '쇼킹 핑크'에서부터 인스타그램에 등장하는 밀레니얼 핑크까지, 여성스러운 것과 가장 관련이 깊은 분홍색은 수많은 정체성을 거쳤다. 1950년경에는 금발의 섹시한 미녀 제인 맨스필드와 마릴린 먼로의 전통적인 여성성을 강조했고, 18세기 패션계 남성들 사이에서는 젊은 활력의 지표로 작용했다. 패션 역사학자 발레리 스틸Valerie Steele은 "분홍색은 예쁘고, 달콤하고, 로맨틱하다고 생각하는 사람이 있는 반면, 저속하고, 어리석기까지 한 인위적인 색이라 생각하는 사람도 있습니다."라고 말했다.

PINK

예쁘고 사랑스러운 색을 꼽으라면 단연코 분홍을 떠올린다. 어떤 강함도 무너뜨릴 것 같은 부드러움을 자신만의 성격으로 가지고 있으면서 온화함을 뽐낸다. 부드러움이 강함을 이길 수 있다는 섭리를 보여주는 엄마의 숨결 같은 색이다.

미국인과 유럽인은 핑크색을 가장 분열적인 색이라 생각하지만, 일본에서는 '귀엽다'는 뜻의 카와이kawaii로 인식한다. 롤리타 하위문화를 추구하는 이들은 풍선껌, 프릴, 리본, 및 그에 어울리는 양산을 든 모습으로 꾸미고 헬로키티 악세사리를 사랑한다.

핑크색은 펑크족을 위한 것으로 볼 수도 있다. 비비안 웨스트우드와 맬컴 맥라렌의 킹스 로드 숍 외관에는 분홍색 고무로 된 'SEX'라는 장식이 붙어 있다. 섹스 피스톨스Sex Pistols나 더 클래시The Clash와 같은 펑크 가수들은 그들의 작품에 부정적 취향, 에너지, 부적합 등의 이미지를 표현하고자 형광 분홍색을 사용했다.

바비 인형과도 깊은 관련이 있는 분홍색은 최근 몇 년 동안 밀레니얼 세대를 위한 멋지고 파괴적인 패션 이미지로 변모했다. 핑크는 여성스러움을 한껏 살리면서도 아이러니하게 그 여성성에 대립하기 위해 사용되기도 한다. 남성 가수 해리 스타일스

Harry Styles는 핫핑크 슈트와 셔츠를 입음으로써 분홍색이 주는 성별 매개변수를 무시하며 스타일의 아이콘으로 부상했다.

분홍색의 창조

오랫동안 혼란스러운 정체성을 지녀온 분홍색은 꽃과 관련되어 자주 언급된다. 고대 그리스와 로마인들은 분홍색을 더 부드러운 빨간색으로 취급했다. 유럽 언어들은 선명한 빨간색을 정의하는 '장미'에서 출발하여 '라틴 장미'의 변형으로 사용했다. 르네상스 시대의 베네치아 염색업자들은 분홍색을 'incarnato'로 불렀으며, 이는 영어로 '카네이션carnation'으로 번역된다. 카네이션 종인 디안투스 플루마리우스Dianthus plumarius의 프릴 모양 가장자리를 '핑크'라고 하는데, 여기서 '핑크'가 파생되었다. 또한 구멍이 뚫린 무늬 장식이라는 뜻의 동사 'to pink'에서 가장자리를 지그재그 모양으로 자를 수 있는 '핑킹 가위' 용어가 생겼다.

분홍색 직물은 엉겅퀴의 일종인 홍화를 사용해 염색했다. 특이한 살몬색, 홍조색 또는 복숭아 색조를 만드는 데 알칼리와 결합하면 더 진한 빨간색이 가능했다. 다양한 분홍색은 사람들에게 인기가 많아 화가 주방Zhou Fang을 비롯한 당나라 미술 작품에는 여성들이 다양한 톤의 분홍색 예복을 입고 있다.

1500년 포르투갈 탐험가들은 남아메리카 해안에서 타닌이 풍부하여 더 진하고 오래 지속되는 붉은색과 분홍색 염색이 가능한 브라질 나무 종을 우연히 발견했다. 그로 인해 포르투갈인들이 브라질 목재의 독점권을 가지게 되었다. 프랑스를 비롯한 여러 나라는 염료를 얻기 위해 남아메리카에서 나름대로 발판을 얻으려 노력했고, 포르투갈 배들은 해적들의 표적이 되었다. 이 귀중한 심재는 유럽 전역에서 핑크 패션의 유행을 불러일으켰다.

15세기 초 베네치아 상인들이 수입한 브라질 목재는 붉은 직물 염색에 사용되었다. 주석 매염제를 첨가하면 아름다운 산호색을 만들어내는데 멀리서 공수해 온 브라질 목재 덕분에 이국적으로 보여 르네상스 시대의 부유하고 영향력 있는 사람들이 주로 찾았다.

1700년대 중반 유럽 사회에서 분홍은 이국적이면서도 호화스러운 상징이 되었다. '차이나 핑크', '페르시아 핑크', '콩고 핑크' 같은 색상의 이름이 '이국적인' 매력을 더했다.

1956년 사진작가 노먼 파킨슨Norman Parkinson은 영국판 《보그》가 핑크 시티Pink City로 소개한 인도 라자스탄의 자이푸르로 여행을 떠났다. 그는 정교하게 장식된 코끼리와 푸치아 컬러의 튜닉과 터번을 입은 현지 남성들 옆에서 분홍색 모헤어 코트를 입고 있는 모델 앤 구닝Anne Gunning의 사진을 찍었다. 식민지 시대의 문화적 전유물로 여겨질 수도 있는 이 사진은 〈하퍼스 바

스키아파렐리가 그린 크리스티앙 베라드   장 오노레 그라고나르의 <그네>(1767)
삽화(1937)《보그》

<신사는 금발을 좋아한다>(1953)의 마릴린 먼로

자〉의 영향력 있는 편집자 다이애나 브릴랜드Diana Vreeland에
의해 인도의 문화와 색깔에 대한 생생한 묘사로 게재되었다.

푸크 시티로 알려진 자이푸르 왕궁은 핑크와 레드 사암으로
지어졌다. 마하라자 사와이 람 싱 2세Maharaja Sawai Ram Singh II
는 1876년 웨일스 공 앨버트 에드워드의 국빈 방문을 환대하며
모든 건물을 핑크 페인트로 치장하라고 명령했다.

푸치아 핑크 사리와 튜닉은 라자스탄 전역에서 판매되는 핑
크 장미 꽃잎과 함께 큰 인기를 누렸다. 19세기 이전 인도의 염
색 기술자들은 천연염료와 매염제에 관해 가장 앞선 기술을 보
유하고 있었다. 홍화꽃과 무화과나무에 모이는 작은 곤충들로
부터 얻는 분비물로 핑크와 레드 염료를 얻어 내는 부분에서 특
히 그랬다.

1856년 윌리엄 퍼킨의 합성염료 모베인과 1858년 아우구스트
빌헬름 폰 호프만의 푹신, 그리고 1859년 프랑수아-에마누엘 베
르갱이 특허 낸 마젠타 같은 훌륭한 아닐린 기반 염료가 인기를
끌었다. 1860년 7월 판《잉글리시 우먼 도메스틱 매거진》에는
'솔페리노 또는 마젠타라 불리는 새로운 색조의 핑크빛' 이브닝
드레스가 예고됐다.

밝은 분홍은 차차 대중화되고 접근이 쉬워졌다. 하인 계급과
남성 양말에도 사용되었는데 양말에 사용된 푹신 염료는 땀과
반응하여 발에 통증을 유발했다. 19세기 말 이 염료의 독성 연

구가 나오자 눈부시게 화려했던 분홍색은 부정적인 이미지를 얻게 되었다. 따라서 여성 패션에 있어서 핑크는 '천박'하고 '별로인 취향'으로 여겨졌다.

로코코 핑크

18세기 프랑스가 유럽의 강자로 떠오르면서 스페인 궁정의 검은색은 뒤로 물러나고 계몽주의 시대의 밝은 색조가 등장하였다. 프랑수아 바우처François Boucher와 장 오노레 프라고나르 Jean-Honoré Fragonard가 그린 복숭아와 딸기빛 실크 드레스를 입은 시녀들과 장밋빛 뺨을 가진 천사의 로코코풍 그림은 장난기 가득한 환상을 자아낸다.

루이 15세의 정부이자 당시 가장 영향력 있던 마담 드 퐁파두르의 핑크 사랑은 1757년 프랑스 화학자 장 헬로Jean Hellot가 그녀의 이름을 딴 '퐁파두르 핑크'를 만들 정도로 매우 유명하다. 프랑수아 바우처의 초상화 〈자수틀 앞에 앉아 있는 마담 드 퐁파두르Madam de Pompadour at Her Tosalete〉에는 마담 퐁파두르의 핑크빛 볼이 핑크빛 드레스와 어우러져 매우 고혹적으로 보인다. 핑크색은 그녀를 젊고 아름답게 보이게 할 뿐 아니라 몸과 입술, 젖꼭지 같은 신체를 관능적으로 드러낸다. 옅은 분홍색은 백인의 살색과 비슷해 란제리에서 특히 에로틱하게 느껴진다. 에밀 졸라는 소설 《여인들의 행복 백화점》에서 "예쁜 소녀들의 무리가 피부의 새틴 나체까지 옷을 하나씩 벗은 것처럼 말이다."라고 묘사했다.

마담 퐁파두르에 관한 책을 쓴 카산드라 알빈슨A. Cassandra Albinson의 논문에는 "16세기와 17세기의 약혼식 초상화에는 자신의 성적 능력을 표현하는 의미로 여성들의 손에는 카네이션이 들려 있으며, 이는 마치 손에 든 분홍색 꽃처럼 자신들이 성적으로 절정에 이르렀음을 상징했다."라는 글이 실려 있다. 분홍색은 생식력이 절정에 이른 젊은 여성을 상징하기 때문에 깃털이나 꽃과 같은 다른 젊은 여성을 상징하는 장식품처럼 당시로는 중년인 30세 이상의 여성들에게는 적합하지 않은 색으로 여겼다.

살롱의 호스티스인 마담 네커Necker는 "분홍색 드레스를 보면 예쁜 여성의 얼굴이 떠오릅니다. 그런데 실제로 옷의 주인공이 젊은 여성이 아닐 경우, 사람들은 불쾌감을 느낄 정도로 놀라곤 하죠."라고 말했다. 이는 샤를 앙투안 쿠아펠Charles-Antoine Coypel의 나이든 여성이 연분홍색 옷을 입고 화장대 앞에 앉아 있는 모습을 그린 1743년 작인 풍자적인 파스텔화 〈Folly Embellishing Old Age with the Adornments of Youth〉에서도 확실히 알 수 있다. '건강 상태가 좋은in the pink'이란 영어 표현은 남성이든 여성이든 상관없이 분홍색이 젊은 이를 위한 색상임을 암시한다.

핑크 생각하기 |Think Pink

분홍색이 생기 있고 여성스러운 색이라는 개념은 20세기에 나타났다. 1936년 패션 디자이너 스키아파렐리는 여배우 메이 웨스트Mae West에서 영감을 받아 여성의 신체 모양을 본 떠 향수병을 만들었다. 그녀는 회고록에서 이 향수병의 색과 이름을 정하는 과정을 다음과 같이 회상했다.

'그것이' 내 눈앞에서 번쩍였다. 밝고, 불가능하고, 뻔뻔하고, 무례할 정도로, 생명을 주는, 세상의 모든 빛과 새와 물고기가 합쳐진 것처럼, 중국과 페루의 색이지만 서양의 색은 아니다·충격적인 색, 순수하고 원색이다. 그래서 나는 이 향수를 '쇼킹'이라 지었다.

그녀의 향수는 대 성공을 거뒀다. 어떠한 광고도 필요 없이 이 '쇼킹' 핑크는 선두를 차지했고 색상의 고전으로 자리 잡게 되었다. 사람들의 눈을 사로잡는 쇼킹 핑크는 스키아파렐리의 패션에도 등장했다. 태양이 새겨진 눈부신 새틴 소재의 망토 뒷면에 이 색을 적용한 것이다.

스키아파렐리는 1936년 메이 웨스트의 입술에서 영감을 받아 초현실주의 예술가 살바도르 달리와 함께 쇼킹 핑크와 레드로 장식된 소파 디자인을 선보였다. 그들은 쇼킹 핑크 컬러의 벨벳 힐이 거꾸로 달린 검은색 아방가르드 모자를 디자인했다. 그 모자는 당대 가장 패셔너블하면서도 추문이 많았던 데이지 펠로우Daisy Fellowes가 착용했다.

제2차 세계대전이 끝나자 남성들은 전통적인 가장의 역할을 빼앗겼다는 느낌에 아내에게 완벽한 주부(여성) 역할을 강요했다. 그래서 전후의 여성 패션에는 분홍이 가득했다.

1947년 크리스챤 디올은 옷과 직물이 배급되던 전시의 실용주의 실루엣과 정반대되는 '뉴 룩' 스타일의 데뷔 컬렉션으로 큰 파장을 일으켰다. 그는 호화로운 옷감을 사용했으며, 장미 꽃잎에서 영감을 받은 핑크를 1949~1950년 가을/겨울 비너스 볼드레스 컬렉션의 주인공으로 내세웠다. 반짝이는 꽃잎으로 덮인 연분홍의 환상적인 조화에 사람들은 매료되었다.

1950년대 미국은 소비지상주의가 급증하면서 큰 번영의 시기를 누렸다. 잡지 광고와 백화점에서 분홍색 제품들이 훨씬 더 눈에 띄었다. 핑크 패션, 플레이텍스Playtex의 '핑크 아이스' 언더웨어는 물론 입술과 손톱을 위한 다양한 핑크 색상이 앞다투어 등장했다. 1959년 레브론Revlon의 광고는 다음과 같은 카피를 내걸었다.

이탈리아에서 온 새롭고… 섹시하면서도 활기 넘치는 우아한 핑크 패션. 생명력과 컬러가 살아 있는 핑크색… 너무도 살아 있고… 의도적일만큼… 완벽하게 멋진 컬러 '분홍색'이었다.

1959년 4월 〈뉴욕 타임스〉 기사는 립스틱과 의류 라인에 새롭게 선보인 엘리자베스 아덴의 '아덴 핑크'에 대해 "핑크는 금발머리 여성만을 위한 것이 아닌 모든 여성을 위한 것이며 아덴 핑크는 칵테일과 디너 드레스를 떠오르게 한다."라며 핑크에 대한 환상을 불어넣었다.

페니 스파크Penny Sparke는 1995년 저서《As Long as It's Pink: The Sexual Politics of Taste》에서 "핑크는 여성은 여성이고 남성은 남성이라는 성별을 확실히 구별하며, 1950년대 사회를 지탱하는 성별을 강조했다. 성별에 따른 고정관념은 어린 나이부터 주입되고 부모들이 그 주요 역할 모델을 했다. 특히, 가정에서의 분홍색 사용은 소녀와 여성들의 본질적인 여성성을 강조했다."라고 실었다.

분홍색의 특성을 더욱 심화시킨 사람은 영부인 메이미 아이젠하워Mamie Eisenhower이다. 그녀는 수년간 아이크Ike 장군으로 불렸던 아이젠하워 대통령과 함께 세계를 여행하며 남편과 가정에 자부심을 가진 완벽한 미소로 안주인 역할에 충실했다. 그녀는 "아이크가 나라를 운영하는 동안 나는 폭찹을 요리한다!"라는 말로 성별의 고정관념을 강화했다. 그녀는 모든 핑크색을 사랑했다. 1953년 남편의 취임을 축하하는 무도회 자리에서 네티 로젠스타인Nettie Rosenstein이 디자인한 핑크 드레스에 핑크 큐빅 2천여 개를 달고 등장해 대중을 환상으로 이끌었다. 백악관 입성 후에는 욕실을 포함한 개인 공간을 '메이미 핑크' 또는 '영부인 핑크'로 알려진 특정 핑크 색조로 장식했다. 영부인의 핑크 사랑은 미국 전역에 핑크색 칵테일 드레스뿐만 아니라 욕실, 심지어 주방에도 핑크 붐을 일으켰다. 주부들은 그녀의 수백만 달러짜리 디저트를 따라 만드느라 정신이 없었다.

핑크는 또한 금발의 섹시 스타 제인 맨스필드Jayne Mansfield의 백치미를 강화하는 데 도움을 주었다. 금발의 관능미를 갖춘 1950년대 여성상에 맨스필드는 완벽히 부합했다. 분홍색 재규어를 운전하는 것 외에도 자신의 피부색과 딱 어울리는 분홍레이스 드레스를 입고 결혼했다. 선셋 대로Sunset Boulevard에 위치한 그녀의 집은 '핑크 팰리스Pink Palace'로 유명했고 새로 지은 핑크색 수영장에 핑크색 샴페인이 넘실거렸다. 그녀는 이렇게 말했다.

"분홍색은 저를 행복하게 해주었기 때문에 제 색깔이었습니다. 분홍색 덕분에 사진작가들의 흥미를 끌 만한 그 무엇인가를 저도 가지게 된 거죠. 사진을 찍으러 온 그들은 술도 한 잔 즐기면서 저를 온통 핑크빛으로 물들이게 했죠. 카메라가 있는 사람이라면 누구든 초대해서 그들이 원하는 레이아웃에 맞춰 기꺼이 포즈를 취하곤 했어요. 저는 절박했거든요."

1950년대 할리우드 영화들은 핑크를 소녀적이며 재미있는 색이라는 느낌으로 채택했다. 많은 영화가 테크니컬러를 받아들이면서 보수적 시각에서 성 역할을 강화하는 역할을 했다. 1950년대 최고의 스타로 인기를 누렸던 마릴린 먼로가 부른 영화 〈신사는 금발을 좋아해〉의 OST 〈다이아몬드는 여성들의 가장 친한 친구Diamonds Are A Girl's Best Friend〉는 그 시대를 대표하는 소비주의와 여성다움의 개념에 부합한다. 이 영화의 두 스타인 제인 러셀과 마릴린 먼로의 풍자적 의상은 윌리엄 트라빌라William Travilla가 50년대 여성성을 강화하기 위해 디자인했다. 그런데 이 의상이 허벅지, 가슴골, 또는 배꼽 부분을 너무 많이 드러냈다는 지적에 따라 엄격한 도덕률에 위배되지 않도록 조절하라는 압력을 받게 된다. 1952년 11월 제작 코드의 기록에 따르면, 먼로를 위한 트라빌라의 의상이 '의도적으로 그녀의 가슴에 저속한 관심을 유도하려고 디자인되었다'라는 이유로 거절당했다고 한다.

영화 음악 〈다이아몬드는 여성들의 가장 친한 친구〉의 뮤직비디오를 위해 트라빌라는 모조 다이아몬드가 장식된 검은색 보디 스타킹을 디자인했다. 영화 제작 기간 중 먼로가 유명해지기 전 찍은 누드사진이 《플레이보이》에 소개되자 그녀의 소속사인 20세기 폭스는 먼로의 인기에 끼칠 부정적 영향을 우려했다. 소속사 사장 대릴 자누크Darryl Zanuck는 '먼로의 노출을 자제하라'는 메모를 보냈다. 이에 그는 새로운 디자인을 떠올릴 수밖에 없었다. 그로 인해 등 부분에는 큰 나비 리본이 달린 핑크빛 슬립리스 드레스가 완성되었다. 실제로 테크니컬러의 연한 핑크는 세트 디자인의 핑크색보다 더 대담하고 밝은 분위기를 냈다. 이로써 핑크는 1950년대의 여성스러운 색상의 지위를 재확인했다.

여자아이를 위한 색, 핑크

20세기 이전에는 실용적이라는 이유로 남녀 유아 구분 없이 흰색 옷을 입혔다. 흰색은 값도 저렴하고 표백이나 삶을 수도 있었기 때문이다. 제2차 세계대전 이후 베이비붐이 일어나기 전까지는 성별 고정관념이 거의 없었다. 루이자 메이 올코트의 소설 《작은 아씨들》에는 "에이미는 알기 쉽도록 남자아이에겐 파란 리본을, 여자아이들에겐 프랑스 패션인 분홍색을 입혔다."라는 대사가 나온다. 이는 여자아이들에게 분홍색 옷을 입히는 것이 프랑스의 혁신이었음을 시사하지만 그 기원은 불분명하다. 1890년까지는 성별에 대한 색의 고정관념이 대서양 너머까지 퍼지지는 않았다.

1893년 7월 〈뉴욕 타임스〉는 "항상 남자아이에게는 분홍색을, 여자아이에게는 파란색을 입혀 주세요."라는 글을 게재했다. 남아의 전망은 여아의 전망보다 훨씬 더 낙관적인 반면, 앞으로 여성으로 삶을 살아갈 여아를 생각하면 이미 충분히 우울하기 때문이라는 것이다.

잡 파올레티JoB. Paoleti는 2012년 미국 아동복 연구에서 언제 여아는 분홍색을 남아는 파란색이 고정관념으로 자리 잡혔는지 확인했다. 여기에 더해 아동 발달에 있어 성적 정체성을 주제로 심리학적 연구가 추가로 발표되면서, 아동의 성별적 특징을 가능한 한 빨리 발전시켜야 한다는 관념을 피력했다.

1940년대 후반 분홍색은 남아의 의복에서 자취를 감췄다. 이는 '위험한' 동성애를 초래할 수도 있어 남자아이가 여자아이로 오해받는 일이 없도록 남성성을 보호하고 강화해야 한다는 것에서 출발했다. 1941년 레슬리 B. 호만Leslie B. Hohman 박사는 〈레이디스 홈 저널〉에 '여아 같은 남아와 남아 같은 여아'의 위험성에 관해 썼다.

마찬가지로 여자아이에게는 아내와 어머니로서 역할을 감당해야 하기에 충분히 여성적인 분홍색 옷을 입혔다. 1970년대 제2의 물결 페미니스트들은 소녀들에게 부적절한 고정관념을 심어주며 그들의 잠재력을 방해하는 색으로 분홍을 간주했다. 이들은 성 중립적인 녹색과 주황색을 유아와 아동을 위한 남녀 공용 옷으로 홍보했다. 그러나 남녀공용 색상의 추진은 필연적으로 반발을 불러일으켰다.

1980년대 분홍색은 옷과 장난감에서 소녀의 색으로 이미지가 굳어졌다. 산부인과의 초음파 덕분에 임신 중 아이의 성별 파악이 가능해지자 많은 부모는 아기가 태어나기 전 적절한 색상의 제품을 구매하거나 선물을 받을 수 있게 되었다.

2000년대 초반 운동화와 운동복은 물론 버블검 핑크 모토로

라 플립폰에 이르기까지 핑크는 모든 제품에서 소녀와 여성들을 위한 유비쿼터스적 존재가 되었다. 1990년대에는 '라데트 ladette(남자 같은 여자)' 문화와 비키니 킬Bikini Kill과 코트니 러브스 홀Courtney Love's Hole과 같은 페미니스트 펑크 밴드들이 있었다면, 2000년대는 여성성으로 어린 소녀들과 젊은 여성에게 영향력을 끼쳤던 브리트니 스피어스와 크리스티나 아길레라 같은 스타들에 의해 팝 음악이 활기를 되찾았다. 파파라치들은 패리스 힐튼 같은 새로운 문화 아이콘들이 쥬시쿠뛰르Juicy Couture 브랜드의 핑크색 트레이닝 복 입은 모습을 찍어대느라 정신이 없었다. 빅토리아 시크릿은 슈퍼 모델들을 광고 모델로 내세워 자사의 분홍색 속옷을 판매하기에 바빴다. 플레이보이 브랜드의 티셔츠, 필통, 핸드백은 물론 핑크색 액세서리 등 핑크는 부적절하게 10세 미만 소녀들까지 겨냥하며 지나치게 성적 이미지와 되었다.

핑크색은 영화 〈금발이 너무해〉에서 주인공 엘 우즈Elle Woods의 이미지 덕분에 더욱 큰 인기를 누렸다. 엘 우즈의 맹한 태도와 화려한 패션은 그녀를 똑똑하지 못한 사람처럼 보이게 하지만 부단한 노력 끝에 그녀는 하버드대학 법대에 입학한다. 그녀가 분홍색 컨버터블 차를 몰고 타이트한 분홍색 가죽 정장을 입고 하버드 로스쿨에 나타나자 "말리부에서 바비 인형이 왔네.", "여기, 해변이 어디야?"라며 그녀의 옷차림을 보고 야유를 보냈다. 또 귀여운 핑크빛의 플레이보이 바니걸 차림을 하고 파티에 나타난 그녀에게 전 남자친구인 워너Warner는 "너는 로스쿨에서 공부할 만큼 똑똑하지 않아!"라고 말한다. 주인공 우즈의 핑크 사랑은 그녀를 어리광쟁이로 보이게 하지만, 자신이 가장 좋아하는 색깔을 부끄러워하지 않고 계속 사용함으로써 자신을 증명하는 데 성공한다.

영화 〈퀸카로 살아남는 법〉에서는 인기 있는 소녀들의 무리인 '플라스틱' 멤버가 매주 수요일마다 분홍색 옷을 입고 등장한다. 이는 포스트 페미니스트 세대의 10대들이 분홍색을 사랑하도록 부추겼다. 의상 디자이너 메리 포트Mary Jane Fort는 이 깜찍한 소녀들이 달콤하게 보이기를 원했다.

"여러분이 이 소녀들을 볼 때면 나쁘다는 것을 알면서도 무엇인가 흥미로운 것을 찾아 걸어 들어가는 그러한 기분을 느끼게 하고 싶었어요."

소피아 코폴라Sofia Coppola 감독의 영화 〈마리 앙투아네트〉는 포스트 페미니스트 렌즈로 프랑스 왕비의 삶을 펑크적 요소와 핑크의 달콤함으로 표현했다. 논문 〈마리 앙투아네트: 패션, 제3의 물결 페미니즘과 젊은 여성 문화〉에서 수잔 페리스Suzanne Ferriss와 말로리 영Mallory Young은 코폴라의 영화가 현대판 제3의 물결 페미니즘을 대표한다고 주장했다. 코폴라의 영화는 패리스 힐튼, 엘 우즈, 혹은 커스틴 던스트가 각자의 영역에서 유명한 10대 여왕이 되도록 관객이 영화 속 등장인물과 동일시되는 효과를 주었다. 제3의 물결 페미니즘의 현대적인 '젊은 여성 문화'를 표현한 것이다. 종종 뻔뻔한 젊은 여성 이미지를 연출하는 코폴라의 영화에는 핑크색이 자주 등장한다. 영화 〈사랑도 통역이 되나요?〉의 오프닝 장면에는 스칼렛 요한슨이 핑크 니커 바지를 입고 있다.

이 영화의 타이틀 시퀀스는 마리 앙투아네트 글씨가 핑크와 블랙으로 인쇄되어 있다. 현대 사운드트랙에도 영감을 준 펑크 밴드의 미학에서 딴 것이다. 코폴라는 의상 디자이너 밀레나 카노네로Milena Canonero에게 파스텔 컬러의 라 뒤레Ladurée(맛있기로 유명한 과자점) 마카롱 한 상자를 선물하며 영화 의상을 위한 영감을 얻도록 하였다.

덕분에 카노레노는 드레스, 리본, 신발, 부채 등 핑크색이 가득한 영화 의상을 디자인했다. 영화의 한 장면에서 여왕은 호화로운 분홍색 아이스케이크와 타르트로 둘러싸인 채 긴 팔걸이 의자에 기대어 있고 시녀는 분홍색 신발을 여왕의 발에 신긴다. 이 영화의 미학은 베르사유 궁전의 삶을 매우 호화롭게 표현해 왕실의 몰락을 초래한 사치스러운 생활 방식을 적나라하게 보여주었다는 데 있다.

소피아 코폴라 감독의 영화 <마리 앙투아네트>(2006)의 커스틴 던스트

<킬링 이브>에서 빌라넬 역의 조디 코머

파리 패션위크에서 리한나의 펜티 x 푸마 컬렉션(2017)

구찌 F/W 밀라노 패션위크(2016/2017)

밀레니얼 핑크

2018년 텔레비전 시리즈 〈킬링 이브〉의 가상 캐릭터 빌라넬Villanelle은 패션 센세이션을 일으켰다. 끊임없이 창의적인 방법으로 목표물을 해치우는 사이코패스 암살자 역할이었는데도 흠잡을 데 없는 스타일로 유행을 선도했다. 디자이너 몰리 고다드Molly Goddard의 핑크색 툴 드레스가 주목받았는데 이 분홍은 냉혈한이 부드럽고 여성스러운 색을 선택했다는 아이러니를 표현하기 위해 사용되었다. 이 드레스는 마리 탈리오니Marie Taglioni가 1832년 발레 〈라 실피드〉 공연에서 핑크색 타이츠를 입은 이후로 발레리나와도 연관성을 갖게 되었다. 어린 소녀들에게 사랑받는 툴레 발레 드레스를 떠오르게 하기 때문이었다.

2019년 빅터앤롤프Viktor&Rolf의 캔디핑크 드레스도 아이러니를 표현했다. '덜어낼수록 아름답다Less is more'라는 글귀로 장식된 이 드레스는 마리 앙투아네트의 과도함에서 영감을 받았다. 해시태그와 슬로건 위주의 온라인 밈 문화를 반영하며 플라밍고 튜브, 수박, 랍스터 같은 인기 있는 소재를 광범위하게 표현해 인스타그램 세대의 핑크 사랑을 완벽하게 담아냈다. 2017년 인스타그램 피드에는 플라스틱 정원 장식, 공기주입식 물놀이 장난감 등 플라밍고 모양이 가득했다. 이후 마크 제이콥스의 2015 봄 컬렉션 프린트로 등장했고, 구찌는 2016년 프리폴Pre-Fall 캠페인에서 분홍색 플라밍고를, 프라다는 플라밍고를 주제로 한 향수를 선보였다. 플라밍고는 마이애미 비치와 엘비스 프레슬리의 뮤지컬 영화 〈블루 하와이〉, 그리고 핑크 팰리스^{Pink Palace}로 알려진 비벌리 힐스 호텔 등 1950년대의 열대 느낌을 표현하는 데에도 등장했다.

2017년 파리 패션 위크에 펜티 x 푸마 봄/여름 컬렉션을 출시한 리한나는 성별 구분이 모호한 베이지-핑크 운동복과 옅은 핑크색 트레이닝복, 그리고 부드러운 새틴 소재의 리본이 달린 '밀레니얼 핑크' 슬리퍼를 선보였다. 영국 드라마 〈킬링 이브〉에 등장했던 버블검 핑크색 드레스보다 살몬색에 더 가까운 리한나의 옷은 잎이 무성한 녹색 식물과 선인장의 배경 속에서 더욱 보기 좋게 느껴진다. 밀레니얼 핑크 트렌드는 2016년 8월 《뉴욕 매거진》에 실린 베로니크 하이랜드^{Veronique Hyland}의 '밀레니얼 핑크가 갑자기 인기를 끄는 이유'라는 기사에서 확인할 수 있다.

"핑크는 한때 매우 저속한 컬러였죠. 분홍색은 말리부 바비 인형이나 풍선껌에 쓰였습니다. 또한 저와 비슷한 특정 사람들이 어린 시절 외면했을 법한 플라스틱 장난감도 분홍색이었어요. 특별한 색조의 분홍색이 다시 표면화된 것은 아닙니다. 그보다는 아이러니한 분홍색, 슈거핑크다운 귀여운 느낌이 없는 분홍색이 돌아온 겁니다."

남자를 위한 분홍색

1960년대 페미니스트 운동으로 남성 정체성에 위협이 가해지자 강한 남성의 이미지가 각광 받았다. 남성 옷장에서 분홍색은 사라졌고, 한동안은 소년들에게 적합하지 않은 색으로 간주되었다. 그로 인해 분홍색 옷을 입은 남자는 별난 사람 취급을 받았다.

1990년대 중반 애리조나주 마리코파Maricopa 카운티의 악명 높은 보안관 조 아르파이오Joe Arpaio가 관리하던 교정시설은 남성 수감자들에게 분홍색 속옷과 샌들, 수건을 지급했다. 표면적으로는 수감자들이 출소할 때 죄수복을 갖고 가는 것을 방지하기 위함이었으나 본질은 남성 수감자들의 성욕을 감퇴시키고 수치심을 주는 것이 목적이었다. 이는 동성애자로 수감된 남성들에게 분홍색 삼각팬티를 착용토록 한 나치 독일 시대로 거슬러 올라간다. 1987년 에이즈 활동단체 액트업AIDS Coalition to Unleash Power_ACT UP은 동성애자들에게 억압 대신 힘을 실어주기 위한 목적으로 분홍색 삼각형을 그들의 로고로 채택했다. 현재 독일에서는 남성 성종사자들을 일컬어 'Rosarote(핑크-빨강)'라는 용어를 사용하는 것도 이와 관련이 있을 것이다.

18세기 핑크색은 남성들 사이에서 인기를 누렸지만, 산업 혁명 시대에 들어 어두운 작업복을 입게 되자 너무 화려한 색의 옷은 다소 촌스럽다고 여기게 되었다. 1920년대 영국의 왕세자와

<투데이>에 에드워드 섹스턴의
수트를 입은 해리 스타일스(2017)

1950년대 할렘에서 핑크색 캐딜
락과 슈가 레이 로빈슨

같은 유력 인사들이 댄디한 스타일을 홍보하기 위해 핑크색 셔츠나 정장을 입기도 했지만 일반인이 입으면 유행에 지나치게 민감한 사람으로 보이기도 한다. 《위대한 개츠비》에서 제이 개츠비Jay Gatsby가 입은 분홍색 정장은 개츠비가 옥스퍼드대학에 간 것이 거짓일 거라는 톰 뷰캐넌Tom Buchanan의 의심을 산다. "옥스퍼드 학생이! … 맙소사 말도 안 돼! 그런 사람이 분홍색 정장을 입고 있단 말이야?"라는 대사에서 알 수 있듯이 뷰캐넌은 분홍이 열등한 색이라 믿는다.

1920년대부터 브룩스 브라더스Brooks Brothers 브랜드가 판매하기 시작한 핑크색 셔츠는 아이비리그 스타일과 팜비치에서의 휴가를 떠올리게 한다. 이후 1950년대부터 신발, 재킷, 양말에 다양한 분홍 색조가 적용되면서 분홍의 유행이 새로운 정점에 달했다.

엘비스 프레슬리는 분홍색 바지와 검은색 재킷을 입거나, 분홍색 점프슈트를 입고 무대에 등장했다. 또한 그는 1950년대 권투선수 슈가 레이 로빈슨Sugar Ray Robinson이 소유한 것과 동일한 분홍색 캐딜락을 샀다. 이 캐딜락을 타고 할렘에 돌아오자 사람들은 '아메리칸 드림이 낳은 희망의 다이아몬드'라고 입을 모았다.

하지만 남성들의 핑크색 사랑은 10년이 채 되기 전에 사라져 버렸다. 작가이자 역사학자인 캐럴 앤 마르링Karal Ann Marling은 핑크에 대한 남성들의 짧은 포용은 당시 소비주의에 따른 결과로 '다양한 색채의 등장을 향한 대중의 열광'이 낳은 일시적 현상이었다고 평했다.

현재의 분홍색

특정 하위문화에서는 남자를 위한 분홍이 오래전부터 인정받았다. 콩고 공화국과 콩고 민주 공화국의 수도인 브라자빌Brazzaville과 킨샤사Kinshasa의 유행을 선도하는 우아한 사람들의 모임을 뜻하는 '라 사페La Sa pe'의 추종자에게 핑크는 언제나 환영받는 색이었다. 내전으로 분열된 나라에서 자란 '사퍼스sapeurs'로 알려진 이 노동자 계급 남성들은 자신의 정체성을 표현하기 위해 밝은 색상의 우아함을 수용했다.

2011년 〈월스트리트저널〉 프로필에서 언론인 톰 다우니Tom Downey는 브라자빌Brazzaville의 찌는 듯한 더위에 하산 살바도르Hassan Salvador가 스포츠 코트에 '살몬색 실크 스카프'를 두른 모습을 묘사했다. 사진작가 다니엘 타마그니Daniele Tamagni의 2009년 책《Gentle of the Bacongo》표지에는 체리색 넥타이, 무늬가 있는 가죽 구두, 빨간색 중산모에 캔디 플로스 핑크색 정장을 입고 활보하는 사퍼스의 모습이 등장한다.

힙합계에도 핑크 지지자들이 있다. 2002년 핑크색 밍크코트와 모자를 쓰고 뉴욕 패션 위크에 참석한 할렘의 래퍼 캠론

뉴욕 패션위크 F/W 기성복 컬렉션에서 캐롤리나 헤라라(2019)

배니티 페어 오스카 파티에서 모델 위니 할로(2019)

콩고민주공화국 킨샤사의 사퍼스(2012)

Cam'ron은 힙합계에서 핑크의 인기를 견인한 것으로 인정받는다. 그는 핑크에 대한 고정관념을 거부하며 남성성에 대한 자신감을 보여주었다. 2017년 분홍색으로 머리를 염색한 프랭크 오션Frank Ocean과 같이 패션에 민감한 예술가들도 고정관념을 탈피하며 과감히 핑크색 옷을 입었다.

가수 해리 스타일스Harry Styles는 그의 데뷔 앨범의 커버로 분홍색 새틴 셔츠와 흰색 바지를 입었고, 2017년 투데이Today 공연에서는 영국 디자이너 에드워드 섹스턴Edward Sexton의 검은색 셔츠와 분홍색 정장을 착용했다. 1970년대 스타일로 재단된 이 정장은 1970년 믹 재거Mick Jagger가 입었던 분홍색 정장을 의도적으로 참조한 것이다.

2017년 5월 판 《롤링 스톤》의 표지를 장식한 스타일스는 클래시의 폴 사이먼을 인용하여 '핑크만이 진정한 로큰롤 컬러'라고 말했다. 1970년대 영국 가수 재거Jagger와 데이비드 보위David Bowie 같은 화려한 수컷 공작의 발자취를 따라 사회가 내재화한 분홍의 성별적 고정관념을 무너뜨리고 자신만의 색을 만들었다.

당나라 예술과 로코코 예술에서 묘사된 핑크는 여성스러움, 젊음, 다산, 에로틱한 개념을 전달한다. 이러한 여성적 연상으로 분홍은 유방암과 여성의 권리에 대한 인식을 높이는 강력한 색상으로 인식되기도 한다. 또한 여성 억압에 반발하여 조직된 인도의 여성 자경단 단체인 굴라비Gulabi 갱의 분홍색 사리에서 부터 2017년 1월 여성 행진에서 착용된 분홍색 푸시 모자에 이르기까지 분홍색은 여성 운동을 상징으로 쓰인다. 핑크는 결코 여성의 힘을 나약하게 만들지 않았다.

<원 터치 오브 비너스>(1948)의
홍보 촬영 중인 에바 가드너

1995년 휴 그랜트Hugh Grant가 할리우드 대로에서 매춘부에게 집적거리는 모습이 전 세계로 퍼지자 파파라치들은 당시 그의 여자 친구인 엘리자베스 헐리의 모습을 담느라 정신이 없었다. 흰 청바지, 흰색 스트래피 샌들, 은색 상의에 짙은 선글라스를 쓰고 문 앞에 진을 치고 있던 수많은 사진작가와 인사를 나누던 그녀의 모습은 눈부실 정도였다. 이토록 청순한 화이트 복장은 파트너의 추문에도 냉정을 유지하는 당당함으로 비춰졌다. 또한 가장 까다로운 화이트 색상의 청바지를 멋지게 소화해낼 정도로 자신감 충만하고 자기 관리를 잘하는 여성이라는 것을 증명했다. 화이트 진은 그녀의 의상에 빠질 수 없는 필수품이었다.

WHITE

> 순수와 깨끗함의 상징으로 보이는 흰색은 많은 사람이 선망한다. 부정과 부조리에 맞서 정의와 옳음을 실천하는 색의 이미지를 가지고 있기 때문이다. 그러기에 편하지만 선뜻 다가가기 어렵다. 우리 주변의 흰색은 긴장을 부른다.

2015년 6월 판 〈가디언〉은 헐리의 50번째 생일을 축하하며 "화이트진은 꾸며 입지 않아도 멋을 낼 수 있는 편안한 옷이자, 승마바지처럼 몸에 착 달라붙으면서도 유연성을 부여하기에 멋부리고 싶은 젊은 여성들에게 완벽한 의상이다. 패션 스트리트인 첼시의 킹스 로드에서 화이트 와인을 즐기는 여성들은 주로 화이트진을 즐겨 입는다."라는 예찬을 쏟아냈다.

작은 얼룩도 즉시 눈에 띄는 화이트진은 부와 고급스러운 이미지를 나타낸다. 지중해에서 값비싼 요트 파티의 복장이나 클럽에서 휴식을 취하는 사람들은 주로 화이트진을 즐겨 입는다. 티끌 하나 없이 깨끗한 흰옷은 육체노동을 하지 않아 옷이 더러워질 일이 없는 사람들, 즉 여유가 있는 사람들만이 입었고, 19세기 이후부터는 여가를 즐기는 계층들이 시원한 흰색 린넨 정장과 드레스를 즐겨 입었다.

마릴린 먼로가 흰색 타월 옷을 걸치던 그 느낌처럼 흰색은 순수함과 자유분방함 사이의 모순을 투영한다. 영화 〈뜨거운 양철 지붕 위의 고양이〉에서 '고양이' 드레스로 알려진 엘리자베스 테일러의 흰색 그리스 스타일 시폰 가운은 '고양이 매기Maggie the Cat'의 불같이 날 선 캐릭터를 부드럽게 표현하여 그녀를 아기자기하고 부드럽게 연출할 수 있었다.

베네치아 리도Lido에서 흰색 새틴 파자마를 입고 다녔던 코코 샤넬에게 있어 흰색은 고급스러움뿐 아니라 순수함과 청결함을 상징했다. 흰옷은 그녀가 자랐던 수녀원에서 새로 세탁한 깨끗한 시트와 하얀 페티코트를 떠올리게 했다. 수 세기 동안 흰색 린넨은 속옷에 사용되었으며, 몸을 시원하게 유지하고 외부 먼지로부터 겉옷을 보호하는 역할을 했다.

세계의 문화적 전통에서 흰색은 순수함과 처녀성을 나타낸다. 고대 로마에서는 불과 부엌의 여신인 베스타Vesta의 여사제들이 순결의 상징으로 흰색 린넨 로브를 입었다. 값비싼 비단은 천국에서만 입는다고 알려진 이슬람 문화권에서 순백색 면 옷은 헌신을 뜻한다. 흰색은 갓 내린 눈, 우유, 바닐라 아이스크림의 색으로 단순함과 순수함을 의미한다. 백색광은 스펙트럼의 모든 색을 반사하기에 백색 물체는 다른 모든 색을 표현할 수 있는 빈 캔버스가 된다.

흰색 리넨 이야기

아마 섬유로 만든 린넨은 인류가 발견한 최초의 섬유에 속한다. 기원전 5000년경 고대 이집트에서 린넨이 사용된 증거가 발견되었다. 이집트인들은 아마 재배를 위한 자체 산업을 개발했다. 그들은 아마 줄기로 바구니를 만들었으며, 아마씨에서 기름을 추출했고, 아마 방적 산업을 발달시켰다. 기본적인 베틀 길이의 흰 천 조각을 사용하여 드레스, 남성용 샅바, 망토를 만들었는데 5가지 등급의 린넨이 있었다.

이집트인들에게 곱고 흰 린넨은 빛과 순수의 상징으로 매장 문화에서 중요한 역할을 했다. 1922년 고고학자 하워드 카터 Howard Carter가 투탕카멘의 무덤에서 발견한 미라와 조각상은 린넨 다발에 단단히 감겨 있었다. 런던의 이집트 고고학 박물관 UCL Petrie Museum of Egypto Archology에는 기원전 2500년에 만들어진 바닥을 쓸 정도로 긴 흰 린넨 드레스 두 벌이 전시되어 있다. 이는 1897년 멸종된 도시 데샤쉬Deshasheh에서 발견된 것으로 장례식에서 사용된 것으로 추정된다.

중세 유럽에서는 '네덜란드' 산 린넨이 최고 품질로 인정받았다. 네덜란드 생산자들은 직물을 몇 주 동안 잿물과 신 우유에 담가 두었다가 햇빛에 표백하는 비밀스러운 방법으로 린넨 무역을 지배했다.

린넨은 몸을 깨끗하게 유지하는 데 중요한 역할을 했다. 양모와 비단은 물로 세탁하면 손상되기에, 손세탁이 가능한 흰 린넨 속옷은 몸의 분비물로부터 더 비싼 겉옷을 보호하는 제 2의 피

제임스 길레이의 <바람 속의 여인들>(1810)

엘리자베스 헐리(1995)

엘리자베스 루이제 비제 르 브룬의 슈미즈 드레스를 입은
마리 앙투아네트(1873)

부 역할을 한다. 튜더 왕가는 몸을 깨끗한 상태를 유지하는 가장 좋은 방법은 새로 세탁한 린넨 속옷, 상의, 하의, 모자를 자주 갈아입는 것이라고 믿었다. 이는 린넨이 땀을 흡수하여 몸을 시원하게 유지하고 거친 겉옷으로부터 피부를 보호하기 때문이었다.

결혼을 하지 않았던 엘리자베스 1세는 값비싼 흰색 실크 가운을 입고 반짝이는 하얀 진주로 장식함으로써 자신의 신성한 이미지를 강조하였다. 여왕은 주름진 러프를 매우 선호했는데 그 영향으로 풀을 먹인 린넨 러프는 궁정에서만 입을 수 있는 유일한 패션이 되었다. 1592년경 그려진 '디칠리 초상화Ditchley portrait' 속 엘리자베스 1세는 거대한 소매가 달린 흰색 가운과 파딩게일, 망토 및 과도한 레이스 칼라 덕분에 마치 주름진 도마뱀처럼 보였으며, 여왕의 옷은 모든 부분에서 다 과했다.

보석과 진주를 단 하얀 새틴은 그녀의 순수함을 나타냈다. 더나아가 '베네치아 분'이라 불리는 납 성분을 이용하여 여왕의 피부를 최대한 하얗게 표현했다. 과장된 흰 피부 표현은 여가를 즐기는 계층과 밖에서 일하는 계층이 한눈에 구별되므로 부유층에서 선호했다. 하지만 피부 손상, 납 중독, 탈모를 유발할 정도로 독성이 강했다.

하얀 모슬린의 변덕스러움

18세기의 패션 중심지는 프랑스였고, 그 중심에는 마리 앙투아네트가 있다. 그녀가 입는 옷은 무엇이든지 귀족들을 열광시켰다. 1775년 앙투아네트가 퐁텐블로에서 '여왕의 머리'라 불리는 애쉬브라운 컬러의 드레스를 입었다는 보고가 있자마자 귀족들은 즉시 하인들을 보내 같은 컬러의 옷감을 사게 했다. 1781년 그녀의 첫 아들 루이 조제프Louis Joseph가 태어나자 '황태자의 똥'이 든 기저귀를 기리기 위해 올리브-브라운 색조가 만들어졌다. 여왕의 옷장에 있는 모든 장식품, 액세서리, 화려한 색상의 옷들은 1770년 처음 등장한 새로운 패션 잡지에 낱낱이 등장했으며 그녀의 사치스러움은 갈수록 심해졌다. 여왕은 끊임없이 칭찬을 갈망하며 경박하고 미숙했다. 1785년 마리 앙투아네트는 '적자 부인'이라는 별명을 얻을 정도로 엄청난 돈을 옷장 채우는 데에 쏟아 부었다. 그녀는 전속 디자이너인 로즈 베르탱Rose Bertin에게 장자크 루소의 소설과 프랑수아 바우처의 로코코 풍 그림에서 느껴지는 낭만적 자연과 목가적 풍경에서 영감을 얻어 화이트 모슬린 직물의 내의를 제작할 것을 의뢰하기도 했다.

영향력이 있는 여왕이 입은 슈미즈 아 라 레르chemise à la reine로 알려진 린넨은 머리 장식은 물론 끈을 사용해 몸에 맞게 조절할 수 있는 옷 등 더욱 다양한 의복에 활용되었다. 목과 밑단 부분에 주름 장식이 추가됐으며 모슬린, 거즈, 면이나 아마, 린넨의 가벼운 천으로 직조된 슈미즈는 몸의 움직임을 더욱 자연스럽게 했다. 이는 거대한 치마 밑단과 엉덩이 부분이 옆으로 크게 퍼진 파니에 드레스가 주를 이루던 궁정 패션에 큰 변화를 가져왔다. 1783년 궁정 화가인 엘리자베스 루이 비제 르 브룅 Élisabeth Louise Vigée Le Brun이 유명 살롱 전시회에 내놓은 화이트 슈미즈 드레스를 입고 밀짚모자를 쓴 여왕의 초상화는 스캔들을 일으켰다. 초상화 속 드레스가 너무 편한 의상으로 보여 여왕이 속옷을 입고 있었던 것이 아니냐는 소문이 났던 것이다.

경박하고 철없는 마리 앙투아네트가 농민 생활을 낭만적으로 표현한 것은 당시 가난한 농민의 비참함과 고통에 대한 모욕이었다. 여기에 더해 수입 모슬린의 유행을 선도함으로써 리옹의 비단 산업계로부터 자국의 린넨 무역을 망친 주범이라는 비난을 받았다. 그녀의 지나친 행동과 사치에 대한 소문, "그럼 빵을 먹으라."와 같은 발언으로 마리 앙투아네트는 오페라 극장에 등장하자마자 야유를 받았다. 언론도 연일 비난을 쏟아냈다.

이러한 증오와 분노는 결국 1789년 시민 혁명을 촉발시켰다. 왕실 가족은 파리에 투옥되었고 그녀와 남편 루이 16세는 단두대에 서게 된다. 루이 16세가 처형된 후 1년 뒤에 마리 앙투아네트는 그녀가 좋아했던 흰색 속옷과 비슷한 흰색 드레스와 린넨 모자를 쓰고 교수대로 향했다. 그녀가 입었던 흰색은 전통적으로 프랑스 과부 여왕들이 입었던 색으로 그녀가 왕실의 미망인임을 상징하기도 했다. 마리 앙투아네트는 생애 마지막 5년 동안 두 아이의 죽음과 가까운 가족들의 죽음으로 거의 상복만 입고 지냈다. 바로 이 지점에서 그녀가 왜 흰 옷을 자주 입었는지 이유가 설명된다.

하녀 분장을 한 마리 앙투아네트의 단순한 흰색 드레스 차림은 조롱의 대상이 되었지만, 프랑스 혁명 이후 집정부 시대에 들어 흰색은 자유를 의미하게 되었다. 한편, 혁명 이후 깨끗한 셔츠를 입은 사람을 '멋부리는 남자'로 간주되던 당시 새 정권 지도자들은 흐트러진 자신의 모습에 자부심을 느꼈다. 파리 여성들은 그리스와 로마의 고대 조각상에 경의를 표하고자, 높은 허리선의 순수한 흰 드레스와 플랫 슈즈를 착용했다. 그들이 입은 모슬린 가운은 너무 얇은 나머지 옷을 입지 않은 것처럼 보여 파리 여성들이 벌거벗고 다닌다는 소문이 생겨났다.

집정부의 규칙을 따르면서도 부르봉 왕가에 비밀스러운 지지를 표하기 위해 당시 공화국과 부르봉 왕가의 상징이었던 흰색이 암호처럼 사용되었다. 메르베유즈Merveilleus라고 알려진 반항기 있는 귀족 여성 집단은 종종 '공기 직물'이라 불리는 투명한 신고전주의 스타일의 흰색 드레스를 입어 충격을 주기도 했다. 당시 유명 살롱을 운영하던 줄리엣 레카미에Julie Adélaïde Récamier나 테레사 탈리앵Thérésa Tallien 같은 메르베유즈들이 목 부분이 깊이 파인 순백색의 드레스를 입은 모습은 그림에서도 확인할 수 있다.

오스틴 시대의 흰색

제인 오스틴의 소설 《맨스필드 공원》에서 패니 프라이스Fanny Price가 사촌 결혼식에서 입었던 흰 드레스를 입고 저녁 파티에 가는 것이 지나치게 차려입은 듯한 느낌이라고 투덜대자, 사촌 에드먼드Edmund는 "여자는 흰옷을 입고 있을 때 그렇게 좋아 보일 수가 없다. 어디가 지나친 느낌이라는 건지 잘 모르겠다. 완벽하게 적절한 차림 외에는 아무 흠도 발견할 수가 없네."라고 답한다.

제인 오스틴의 작품에 자주 등장하는 흰 드레스는 1790년부터 1820년까지 영국 섭정 시대의 신고전주의 패션을 반영했다. 소설 《노생거 수도원》에서 앨런 여사는 캐서린 몰랜드Catherine Morland에게 엘리너 틸니Eleanor Tilney가 항상 흰옷을 입으니 그녀를 만날 때는 흰옷을 입으라고 권한다. 오스틴은 캐서린 몰랜드와 헨리 틸니 사이의 관계 발전을 표현하기 위해 하얀색 모슬린을 사용했다.

흰색은 미덕을 나타낼 뿐만 아니라 계몽주의 낭만에 어울리게 우아하고 섬세하다. 영국은 프랑스와 전쟁 중이었고, 혁명의 바람과 함께 여성복의 흐르는 듯한 실루엣은 고대 그리스 예술과 민주주의, 그리고 계몽정신을 담아냈다. 버드나무처럼 섬세한 실루엣은 고전적인 조각상 같았고, 하얀 모슬린, 케임브릭(면이나 마 같은 아주 얇은 흰 천) 또는 면이나 아마사 직물의 바슬거리는 순수함은 산업혁명 시대의 청결감을 강조했다. 그리하여 평평한 슬리퍼와 함께 편안함과 자유를 제공하는 옷차림이 되었다.

1790년대 중반에는 허리가 가슴까지 올라가고 소매 부분이 약간 부푼 형태의 옷이 등장한다. 가벼운 소재의 이 흰옷은 1806년 〈라 벨 어셈블레La Belle Assemblée〉 7월 1일자 판에 인도산 흰색 모슬린으로 된 높은 허리선의 오페라 드레스를 입고 흰색 새틴 장갑과 신발을 착용한 두 여성이 등장한다.

영국은 인도에 동인도 회사를 내세워 흰색 모슬린을 본격적으로 수입하기 시작했다. 인도산 모슬린은 깃털처럼 가볍고 반투명해 많은 사람이 찾는 상품이었다. 18세기 런던의 회사 매출 절반 이상이 인도산 직물에서 나왔다. 이를 위해 영국 동인도 회사는 직공들에게 더 적은 비용으로 더 많은 양의 직물을 생산하도록 압력을 가했다. 모슬린은 서기 1세기부터 로마 제국 전역에서 아랍 상인들에 의해 거래되었고, 실크로드가 완성되자 아시아를 가로질러 유럽으로 건너갔다. 서기 7세기 인도를 방문한 중국인 탐험가 Yuan Chwang은 모슬린을 '새벽의 옅은 증기'로 묘사했다.

섬세한 흰색 직물의 아름다움에는 식민주의, 노예제도, 섬유산업의 노동자 착취라는 진정한 공포가 비밀리에 숨어 있다. 메그나Meghna 강독에서만 자라는 목화로 제작되는 다카 모슬린은 16단계의 비밀 공정을 거쳐 정교한 수작업으로 만들어진다. 18

세기 말 영국 북부에는 자국 산 모슬린 수요를 충족시키기 위해 모슬린 제조 공장이 생겨났다. 이들 역시 저임금은 물론 가혹한 노동에서 자유롭지 못했다. 미국 남부의 목화 생산 환경도 이와 마찬가지였다. 1619년과 1808년 사이 미시시피를 비롯한 남부의 비옥한 땅에서 작물을 고르고 가공하기 위해 약 40만 명의 아프리카 남자와 여자들이 미국으로 팔려갔다.

노예들은 화이트 패션에 쓰일 면화 공급에 중요한 역할을 했다. 하지만 정작 그들은 영국에서 수입된 거친 모직물이자 '흑인의 옷감'으로 알려진 화이트 웨일스White Welsh 직물만 입을 수 있었다. 셰인 화이트와 그레이엄 화이트Shane White and Graham White의 저서《Stylin'》에는 탈출 후 붙잡혀 사우스캐롤라이나의 노역장으로 끌려간 많은 노예가 이 직물의 옷을 착용한 것으로 기록되어 있다. 1765년 두 명의 노예가 '오래된 흰색 흑인 천으로 된 재킷과 바지'를 착용한 것으로 묘사되었다.

많은 노예가 이 거친 흰옷의 노예화와 그 상징성을 거부하고 자유인으로 보이도록 그들만의 미학을 창조했다. 흰옷을 인디고 식물로 염색하거나 호두나무 껍질에서 갈색 염료를, 삼나무 이끼에서 노란색 염료를 추출하는 등 식물학적 지식을 활용해 그들만의 독특한 스타일을 만들었다. 낡은 옷을 수선하기 위해 패치를 달거나 일요일에 입을 예쁜 드레스를 위해 다양한 컬러의 실을 직물에 짜 넣기도 했다. 1930년 조지아주의 노예였던 벤자민 존슨Benjamin Johnson은 노예가 된 사람들의 이야기를 기록하는 연방 작가 프로젝트Federal Writers' Project 인터뷰에서 "대부분은 오래된 흰옷을 입었지만 일부는 퀼트처럼 여기저기 패치를 붙이기도 했습니다."라고 증언했다. 셰인 화이트와 그레이엄 화이트의 책에는 이렇게 기록되어 있다.

"그들이 채택한 것은 다양한 재료와 패턴뿐 아니라 대조적인 색상을 활용함으로써 백인의 감성을 뒤섞는 방식이었다. 아프리카계 미국인 여성들에 의해 전수되는 아프리카 직물 전통은 미국 남북 전쟁 전 노예 공동체를 형성하는 데 도움을 주었다."

하얀 결혼식

하얀 옷을 생각하면 결혼식에서 신부가 순결과 순수함을 알리기 위해 입는 정교한 프릴과 레이스가 달린 순백의 웨딩드레스를 떠올린다. 현대 사회에서 순백의 웨딩드레스는 순결의 상징에서 점점 멀어지는 개념이긴 하나, 눈처럼 새하얗고 섬세한 실크, 새틴 및 레이스 달린 웨딩드레스는 그 자체로 의미가 남다르다.

18세기 패션 삽화에는 선명한 빨간색이나 다른 밝은 색상의 웨딩드레스가 있었다. 마리 앙투아네트와 샬럿 공주(조지 3세와 결혼 시)와 같은 왕실 신부들은 금사로 장식된 천을 선호했다. 그러나 1840년 빅토리아 여왕은 결혼식에서 상아색 새틴 웨딩드레스를 입음으로써 흰색 웨딩드레스 관습에 새로운 시도를 가져왔다. 단순한 새틴과 레이스 장식 드레스는 은색과 금색의 화려한 이전 여왕들의 드레스와는 사뭇 대조적이었다. 영국 여왕들의 삶을 책으로 쓴 영국 작가 아그네스 스트릭랜드Agnes Strickland는 "그녀는 화려한 옷차림을 한 여왕이기보다 순수한 처녀처럼 티끌 하나 없는 흰색 옷을 입고 신랑을 맞이했다."라고 기록했다. 그리고 처녀성을 강조하려는 목적이 아닌 데본Devon 지역의 호니톤 레이스Honiton lace를 특별 주문하여 완성된 빅토리아 여왕의 웨딩드레스는 침체된 레이스 산업을 활성화시켰을 뿐 아니라 흰색 드레스의 붐을 일으켰다.

그럼에도 흰 드레스는 일반 여성에게 실용적이지도 않고 가격도 저렴하지 않았다. 흰 천을 깨끗하게 유지하는 비용뿐 아니라 한 번만 입고 말 드레스를 구입할 만큼 여유가 없었다. 여러 행사에서 입을 수 있는 드레스가 필요했기에 19세기 흰색 웨딩드레스는 누구나 갖고 싶어 하지만 쉽게 가질 수 없는 사치품으로 여겨졌다.

꿈과 죽음의 흰색

여러 문화에서 흰색은 죽음과 사후세계를 상징한다. 흰색은 중국에서 죽음과 애도의 색이며, 고대 왕조 시대에는 장례식에 사용되었다. 힌두교는 과부들이 흰옷을 입는 전통이 있다. 죽음과 천상을 모두 나타내는 흰색이기에 고딕 예술과 문학에 등장하는 유령은 흰 가운을 입고 나온다. 낭만적인 작품에는 종종 해가 진 후 죽음이 묘사되는데, 죽은 사람들이 흰 수의를 입고 저승으로 건너가는 장면이다.

유령처럼 하얀 신고전주의적인 잠옷을 묘사하는 가장 영향력 있는 고딕 이미지 중 하나는 헨리 푸젤리Henry Fuseli의 그림 〈악몽〉이다. 시인 테이트Tate는 이 작품을 '공포의 아이콘'이라 칭했다. 깊은 잠과 죽음 사이를 맴돌거나, 황홀경에 빠지거나, 욕망에 질식하여 기절한 것처럼 보이는 한 여성과 그 위에 앉아 있는 유령, 그리고 그것을 지켜보는 말을 그려 충격과 호기심을 유발하려 했다. 아마도 악몽을 상징하는 것이거나, 성적 매력에 대한 풍자일 수도 있다. 하지만 이 그림에서 하얀 드레스를 입은 여자는 죽음을 상징하고 욕망을 억누르는 역할을 한다. 영화 〈고딕〉에서 흰색 네글리제를 입고 침대 위에 누워 있는 여주인공 위로 악령이 배회하는 장면에서 감독 켄 러셀Ken Russel은 푸젤리 그림의 에로틱한 매력을 한껏 고조시켰다. 또한 고딕 공포 영화에서 여성 희생자들과 흡혈귀들은 삭막한 흰색 가운을 입고 있는데 이 흰 의상은 푸젤리 그림에서 영감을 얻어 처녀성을 상징하며 죽음을 암시하는 수의로 쓰였다.

윌키 콜린스Wilkie Collins의 《흰 옷을 입은 여인The Woman in White》은 선정적인 서스펜스 소설의 가장 초기 작품이다. 1859

헨리 푸젤리의 <악몽>(1781)

브람 스토커의 <드라큘라>(1992)에서 루시 웨스텐라 역을 맡은 새디 프로스트

년 연재된 이 책은 오프닝 장면에서부터 독자들을 열광시켰다. 늦은 밤 인적이 드문 길을 걷는 미술 교사 월터 하트라이트Walter Hartright는 누군가 자신의 어깨에 손을 올려 오싹한 기분에 무서움을 느낀다. 고개를 돌린 그는 '흰색 옷을 머리부터 발끝까지 입은 고독한 여인의 모습'을 본다. 여성이 그 밤에 혼자 거리에 나와 있는 것도 이상할 뿐만 아니라, 흰 드레스와 보닛은 밤거리에서 흔히 볼 수 있는 옷차림이 아니다. 이 여성은 정신병원에서 탈출한 앤 캐더릭Anne Catherick이며, 정신적인 충격으로 어린 시절부터 흰옷만을 입었다는 사실이 드러나면서 하얀 드레스는 정신적 불안정의 상징이 된다.

과거의 기억과 관련된 흰색은 에밀리 브론테의 소설 《폭풍의 언덕》의 작품 해석에서도 언급된다. 케이트 부시Kate Bush의 1978년 히트곡 〈폭풍의 언덕〉 뮤직비디오는 흰색의 빅토리아 스타일 잠옷이 부시의 우아하고 과장된 동작을 더욱 돋보이게 했다. 연극 무대 같은 연출과 안무로 마녀처럼 매혹적이며, 삶과 죽음 사이를 맴도는 하얀 옷을 입은 여성의 강력한 이미지를 만들어낸다.

또한 찰스 디킨스의 소설 《위대한 유산》의 주인공 하비샴 Havisham은 연인에게 버려졌을 때 입었던 하얀 웨딩드레스를 그대로 입고 계속 미혼으로 살아간다. 썩어가는 흰 드레스는 그녀를 살아 있지도 죽지도 않은 상태가 되게 하며 디킨스는 이 장면에 대해 다음과 같이 표현했다.

"그녀는 새틴, 레이스, 실크 등 다양한 소재가 장식된 흰색의 옷을 입고 있었다. 그녀의 신발도 흰색이었다. 머리에는 긴 하얀 베일이 걸려 있으며, 신부 꽃장식을 머리에 꽂고 있다. 하지만 그녀의 머리도 하얗다. 내 눈에 흰색으로 보여야 하는 당연한 것들이 이미 오래전부터 흰색이었고, 정작 흰색이었던 것은 광택을 잃고, 빛이 바래 노랗게 변했다는 것을 알 수 있었다. 웨딩드레스를 입은 신부의 누렇게 바랜 드레스는 꽃처럼 시들어 있었고 그녀의 움푹 들어간 눈 외에는 아무것도 빛나고 있지 않았다."

은막에서의 흰색 새틴

1929년 월가의 붕괴 이후, 흰색은 전 세계적으로 젊음과 유혹의 이미지를 갖게 되었다. 코코 샤넬은 1930년대를 '순수하고 하얀 새틴'이라 칭하며 로맨틱한 오건디(뻣뻣하고 얇은 면) 원피스와 하얀 새틴 비치 파자마를 유행시켰다.

그러나 흰색 새틴 원피스가 본격적으로 인기를 끈 곳은 할리우드였다. 흰색 옷은 흑백 필름에서 효과적으로 빛을 발했다. 대공황의 어려운 상황에서 실직자들에게는 동경의 대상이었으며 고급스러움, 유혹, 화려함을 보여주는 현실의 도피처 역할을 했다.

하얀 새틴과 가장 관련이 깊은 스타는 원조 금발 미녀 진 할로였다. MGM의 의상 디자이너는 영화 〈봄셸〉과 〈8시 석찬〉에서 순백색 옷을 마련함으로써 진 할로가 여신 이미지를 형성하는 데 도움을 주었다. 영화 홍보 이미지에서 그녀는 흰색 시폰을 걸치고 북극곰 러그에 기대어 있다. 노골적인 성적 매력에도 순백은 그녀를 순수하고 흠 없어 보이게 한다. 1935년 12월 판 《무비 클래식 매거진》에는 이렇게 표현했다.

"화이트 새틴은 세련되었습니다. 가장 금발다운 금발의 진 할로도 그렇습니다. 흰옷과 금발이 만나면 매우 매력적인 사진이 탄생합니다."

검은색이 악당이나 뱀파이어의 색으로 인식된다면, 흰색은 일반적으로 선함을 나타낸다. 하지만 영화 〈포스트맨은 벨을 두 번 울린다〉에서 라나 터너는 이 고정관념을 타파했다. 팜므 파탈 이미지의 여주인공이 영화 내내 깨끗한 흰옷을 입는 것 자체가 당시엔 전혀 예상치 못한 일이었다. 그러나 흰옷은 프랭크 챔버스Frank Chambers와 가학피학성 성애도 모자라 남편마저 살인하는 여주인공 코라Cora의 복잡한 캐릭터를 부각시키는 효과를 주었다. 테이 가넷Tay Garnett 감독은 "흰옷은 프로듀서와 내가 생각했던 것이죠. 그 당시에는 그 정도의 섹스 스토리를 담은 소재가 검열을 통과하는데 큰 문제가 있었어요. 그래서 여주인공에게 흰옷을 입히면 선정적 이미지의 수위가 조금 낮게 전

<포스트맨은 벨을 두 번 울린다>(1946)의 라나 터너   1934년경 조지 허렐의 진 할로 초상화

2019년 2월 알렉산드리아 오카시오-코르테즈와 민주당 의원들

달되지 않을까 생각했습니다. 결과적으로는 소름 끼칠 만큼 치명적인 매력을 발산하게 되었지요."라고 말했다.

이에 〈뉴요커〉의 영화 평론가 폴린 카엘Pauline Kael은 코라는 "땀나는 열정과 살인 충동을 감추려는 듯 완벽하게 흰색 옷을 입고 있다."라고 언급했다.

흰색 바지 정장

2019년 1월 알렉산드리아 오카시오코르테즈Alexandria Ocasio-Cortez는 민주당 하원의원에 취임하면서 의도적으로 흰색 바지 정장을 선택했다. 한 세기 전 여성 참정권 획득을 위한 노력을 연상케 했다. 그녀는 인스타그램에서 '이는 나보다 먼저 온 여성들과 아직 오지 않은 여성들 모두에게 경의를 표하는 것'이라고 말했다.

여성 참정권 운동에 앞장섰던 에멜린 페틱로렌스Emmeline Pethick-Lawrence는 1908년 런던 하이드 파크에 집합한 30만 명의 여성에게 통합의 의미로 흰색 옷을 입을 것을 권고했다. 여성들이 흰옷을 입는 것만으로도 대의에 동의하고 운동에 동참한다는 뜻이었다. 미국의 여성 참정권을 대표하는 흰색과 금색, 보라색의 조합은 순결과 미덕을 상징한다. 흰색은 참정권 지지자들이 과격하고 남자 같이 행동한다는 인식을 피할 수 있게 도왔다.

시대가 지난 지금도 화이트는 미국 정치에서 여성의 권한 부여와 새로운 시작을 상징하는 색으로 선택되고 있다. 1969년 정치인 설리 치솜Shirley Chisholm은 미국 의회에 첫 흑인 여성의원으로 선출된 뒤 화이트 의상을 입었고, 제럴딘 페라로Geraldine Ferraro 역시 1984년 첫 여성 부통령 후보로 지명될 때 흰색 정장을 입었다.

힐러리 클린턴은 2016년 여름 민주당 전당대회에서 랄프 로렌 정장을 입었고, 2016년 10월 세 번째 대선 토론회에서는 흰색 바지 정장을 즐겨 입었다. 이러한 모습은 흰색 바지 정장에 대한 대중의 관심을 불러일으켰다. 글로벌 패션 검색 플랫폼인 리스트Lyst의 캐서린 오메로드Katherine Ormerod 편집국장은 〈뉴욕 타임스〉에서 "바지 정장은 2016년 1월 이후 460% 상승하며 관심이 크게 부활했습니다. 특히 흰색 바지 정장에 관한 관심은 기대를 확실히 혼란스럽게 했습니다. 특히 모든 카테고리에서 흰색 색상의 계절적 하락을 볼 수 있기 때문입니다."라고 언급했다.

2016년 여성 참정권을 위한 풀뿌리 운동 세력은 #WearWhiteToVote(투표를 위해 흰옷을)라는 해시태그를 강조했다. 힐러리 클린턴은 2017년 1월 트럼프 대통령의 취임식에서 선거는 패배했지만 희망과 용기의 상징으로, 민주주의를 존중하기 위해 랄프 로렌의 흰색 바지 정장과 그에 어울리는 양모 코트를 입었다.

멜라니아 트럼프가 2018년 국정연설에서 입은 상아색 크리스챤 디올 바지 정장은 눈살을 찌푸리게 했다. 도널드 트럼프와 성인 영화 스타 스토미 대니얼스Stormy Daniels와의 불륜 스캔들 이후 남편을 지지하는 첫 공개 석상의 자리였기 때문이다. 멜라니아는 남편의 할리우드 스캔들 때 핑크색 큰 리본이 달린 블라우스를 입거나 "나는 신경 안 써, 당신은?"이라는 문구가 쓰인 재킷을 입는 등 종종 의상을 통해 어떠한 메시지를 전달했다. 아마 의도적으로 여성 민주당원들이 채택한 색깔을 입거나, 많은 민주당 여성이 선호하는 문구를 사용함으로써 페미니즘적 관점에서 남편의 수많은 불륜을 질책한 것으로 보인다.

미니멀리즘과 미래주의

1960년대 사람들이 상상한 미래는 흰색과 은색의 깔끔하고 날렵한 이미지다. 그것은 나사NASA 우주비행사의 우주복 색깔이고, 디자이너 앙드레 쿠레주André Courrèges와 파코 라반이 금속과 플라스틱으로 만든 드레스의 색이기도 하다. 앙드레 쿠레주는 테니스복과 스페인식 하우스의 석회 도료를 떠올리게 만드는 흰색의 청결함에 감탄했다. 그는 더욱 빛나는 흰색을 만들기 위해 청색제를 첨가하여 새로운 표백제를 발명했다. 자신의 흰색 튜닉, 미니 스커트, 고고 부츠(롱 부츠), 헬멧을 선보인 1965년 컬렉션 '문 걸스Moon Girls의 스타일은 3년 뒤 개봉된 스탠리 큐브릭의 영화 〈스페이스 오디세이〉 세트에 등장해도 전혀 이 질감이 없었을 것이다.

《아메리칸 보그》의 패션 에디터인 수잔 트레인Susan Train은 이 획기적인 컬렉션을 "스커트는 다른 디자이너들의 것에 비해 짧았다. 튜닉과 바지에 많은 흰색이 사용되었는데, 그 자체가 매우 충격적이었습니다."라고 회상했다.

흰색은 지난 수십 년 동안 캘빈 클라인의 남녀공용 속옷에서부터 애플의 아이폰 제품에 이르기까지 미니멀리즘 패션으로 받아들여져 왔다. 배우 제임스 딘이나 캘빈 클라인의 1990년대 광고에 케이트 모스가 입었던 흰색 티셔츠는 경쾌하면서도 신중한 스타일의 극치였기에 소박한 스타일로 잘못 인식되기도 했다.

1996년 구찌의 크리에이티브 디렉터인 톰 포드Tom Ford는 커스티 흄Kirsty Hume과 캐롤린 머피Carolyn Murphy와 같은 모델에게 엉덩이 부분에 열쇠 구멍이 있는 미니멀리즘적인 흰색 드레스를 입혔다. 즉시 매진된 이 드레스는 흰색의 상징성인 단순함, 고급스러움, 부티, 순수함, 차가운 표면 아래서 끓어오르는 성적 매력이 모두 담겼다.

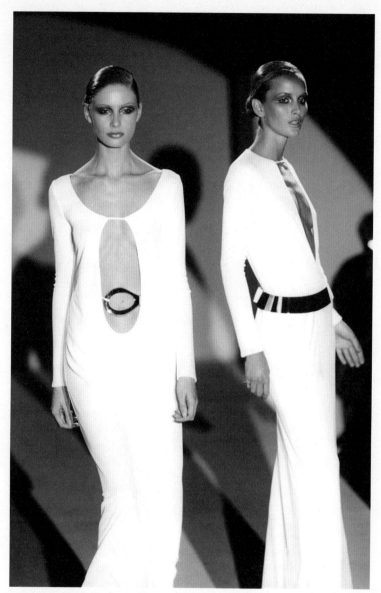

A/W 컬렉션에서 톰 포드(1996)

Selected Bibliography

Capote, T. (1998). Breakfast at Tiffany's. London: Penguin.

Chitnis, C. (2020). Patterns of India: A Journey Through Colors, Textiles, and the Vibrancy of Rajasthan. New York: Pisces Books.

Chrisman-Campbell, K. (2015). Fashion Victims: Dress at the Court of Louis XVI and Marie-Antoinette. London: Yale University Press.

Dean, J. (2018). Wild Colour: How to Make and Use Natural Dyes. London: Mitchell Beazley.

Downing, S. (2010). Fashion in the Time of Jane Austen. London: Shire Library.

Phipps, E. (2010). Cochineal Red: The Art History of a Color. New York: Metropolitan Museum of Art.

Evans, G. (2017). The Story of Colour: An Exploration of the Hidden Messages of the Spectrum. London: Michael O'Mara.

Fox, C. (2018). Vogue Essentials: Little Black Dress. London: Conran.

Fraser, A. (2002). Marie Antoinette. London: Weidenfeld and Nicolson.

Garfield, S. (2018). Mauve: How one man invented a colour that changed the world. London: Canongate.

Goodman, R. (2017). How to be a Tudor: A Dawn-to-Dusk Guide to Everyday Life. New York: Liveright.

Goodwin, J. (2003). A Dyer's Manual. London: Ashmans Publications.

Jaeger, Gustav, trans. Tomalin, Lewis RS. (1887) Dr Jaeger's Essays on Health-Culture. London: Waterlow and Sons.

Kobal, J. (1977). Rita Hayworth: The Time, the Place, the Woman. London: WH Allen.

Laverty, C. (2021). Fashion in Film. London: Laurence King.

Luhanko, D. and Neumuller, K. (2018). Indigo: Cultivate, Dye, Create. London: Pavilion.

Lynn, E. (2017). Tudor Fashion. Connecticut: Yale University Press.

Matthews David, A. (2017). Fashion Victims: The Dangers of Dress Past and Present. London: Bloomsbury Visual Arts.

McDonald, F. (2012). Textiles: A History. Yorkshire: Pen & Sword.

McKinley, C. (2011). Indigo: In Search of the Colour that Seduced the World. London: Bloomsbury.

Paoletti, J.B. (2002) Pink and Blue: Telling the Boys and Girls in America. Indiana: Indiana University Press.

Pastoureau, M. (2017). Red: The History of a Color. New Jersey: Princeton University Press.

Perrault, C. (2019). The Fairy Tales of Charles Perrault: with original color illustrations by Harry Clarke. Ballingslöv: Wisehouse Publishing.

Petherbridge, D. (2013). Witches and Wicked Bodies. Edinburgh: National Galleries of Scotland in association with the British Museum.

Pliny the Elder. (1991). The Natural History, Book 20, Chap.79. London: Penguin Classics.

Postrel, V. (2020). The Fabric of Civilization: How Textiles Made the World. New York: Basic Books.

Robinson, S. (1969). A History of Dyed Textiles. London: Studio Vista London.

Schiaparelli, E. (2007). Shocking Life: The Autobiography of Elsa Schiaparelli. London: V&A Fashion Perspectives.

Shrimpton, J. (2016). Victorian Fashion. Oxford: Shire.

St Clair, K. (2019). The Golden Thread: How Fabric Changed History. London: John Murray.

St Clair, K. (2016). The Secret Lives of Colour. London: John Murray.

Steele, V. (2008). Gothic: Dark Glamour. Connecticut: Yale University Press.

Steele, V. (2018). Pink: The History of a Punk, Pretty, Powerful Color. New York: Thames and Hudson.

Strickland, A. (1840). Queen Victoria from her birth to her bridal: In two volumes. London: Henry Colbern.

Truhler, K. (2020). Film Noir Style: The Killer 1940s. Pittsburgh: GoodKnight Books.

Vigée-Lebrun, L., trans. Strachey, L. (1903) Memoirs of Madame Vigée Lebrun. New York: Doubleday, Page & Company.

White, S. and White, G. (1998). Stylin': African American Expressive Culture From Its Beginnings to the Zoot Suit. New York: Cornell University Press.

Journals

Bryant, K.N. (Fall 2015). The making of a western-negro-superhero-savior: Django's blue velvet Fauntleroy suit. Studies in Popular Culture, Vol. 38, No. 1.

Guéguen, N., and Jacob, C. (2012). Lipstick and tipping behavior: when red lipstick enhances waitresses' tips. International Journal of Hospitality Management, Vol. 31.

Jack, B. (April 30, 2014). Goethe's Werther and its effects. The Lancet.

Lubrich, N. (December 2015). The Wandering Hat: Iterations of the medieval Jewish pointed cap. Jewish History, Vol. 29, No. 3/4.

Nicklas, C.C. (November 2009). Splendid Hues: Colour, Dyes, Everyday Science, and Women's Fashion, 1840 – 1875. University of Brighton.

Niesta-Kayser, D., Elliot, A.J. and Feltman, R. (2010). Red and romantic behavior in men viewing women, European Journal of Social Psychology, Vol. 40.

Sukenik, N., Iluz, D., Amar, Z., Varvak, A., Workman, V., Shamir, O., and Ben-Yosef, E. (June 28, 2017). Early evidence (late 2nd millennium BCE) of plant-based dyeing of textiles from Timna, Israel. Plos One

Worth, R. (September 13, 2013). Clothing in the Landscape: Change and the Rural Vision in the Work of Thomas Hardy (1840 to 1928). Cambridge University Press.

Newspapers and magazines

AnOther Mag. (4 January 2019). 'How Wearing White Became a Symbol of Female Solidarity.'

Associated Press. (1 September 2017). 'Prince's Other Sister confirms What We've Known all Along.'

The Atlantic, Zafar, A. (15 March 2010). Deconstructing Lady Gaga's 'Telephone' Video.

BBC Future, Gorvett, Z. (17 March 2021). 'The Legendary Fabric that No One Knows How to Make.'

The Cut, Hyland, V. (2 August 2016). 'Why Is Millennial Pink Suddenly So Popular?'

Glamour Magazine, Lester, T.L. (10 October 2011). 'A real Life Pan Am Stewardess on What

It Was Like to Wear That Famous Uniform.'

Guardian, Cartner-Morley, J. (10 June 2015). 'Elizabeth Hurley at 50: How She Has Influenced your Wardrobe (whether you like it or not).'

Guardian, Cocozza, P. (20 May 2010). 'Nude: is the hot fashion colour racist?'

Guardian, Cartner-Morley, J. (26 July 2017) 'Club Tropicana! Why kitsch is everywhere this summer.'

JSTOR Daily, Brennan, S. (9 September 2017). 'A Natural History of the Wedding Dress.'

Life. (18 August 1961). 'Four Lovelies Express Themselves in Color on A Daffy Tinge Binge.'

New York Times, Robertson, N.C. (22 May 1963). 'Set the Trends in Living for Many Other Americans.'

New York Times. (23 July 1893). 'Finery for Infants.'

New York Times, Emerson, G. (10 July 1958). 'Jeans Resist Any Change in 108 Years'

New York Times, Espen, H. (21 March 1999). 'Levi's Blues.'

New York Times, Friedman, V. (30 January 2018). 'Melania Trump and the Case of the White Pantsuit.'

New York Times, Friedman, V. (7 November 2016). 'On Election Day, the Hillary Clinton White Suit Effect.'

New York Times. (6 April 1959). 'Pink is Pushed as Fashion Hue.'

New York Times, Elder, R. (28 October 1973). 'Retain Chic in London.'

New York Times, Holmes, C. (16 November 1952). 'This is the Beat Generation.'

Nylon, Soo Hoo, F. (2 July 2020). 'Why the Yellow Dress Will Forever be Iconic, from Rom-Coms to Fairy Tales.'

Photoplay, Scullin, G. (November 1956). 'The Girl with the Lavender life.'

Stylist, Wills, K. (15 October 2016). 'Aubergine is the new black: from lips to chips the eggplant is having a cultural moment right now.'

The Times, Hulanicki, B. (August 15, 1983). 'The Dedicated Modeller of Fashion.'

The Times. (1 December 1803). 'London Fashions for December.'

Vogue Business, Maguire, L. (26 October 2020). 'Kim Kardashian: On Shapewear.'

Credits

The publishers would like to thank the following sources for their kind permission to reproduce the pictures in this book.

Alamy: AA Film Archiv /AF Archive /Alain Le Garsmeur London, 1972 /Album /Allstar Picture Library Ltd /Hendrik Ballhausen /dpa /Collection Christop /Collection Christophel /Cineclassico /Ian Dagnall Computing /Everett Collection Inc /History and Art Collection /Incamerastock / Moviestore Collection Ltd /Landmark Media Lebrecht Music & Arts /Painters /Photo12 /PictureLux /The Hollywood Archive /Retro AdArchives /Science History Images 140 Bridgeman Images: Copyright DACS 2021 Getty Images: AFP /Don Arnold/WireImage / Art Images /Art Media/Print Collector /Toni Anne Barson/ WireImage /Edward Berthelot /Bettmann /Antonio de Moraes Barros Filho/WireImage /Edward Berthelot /Bettmann / Corbis News /Estrop /Giuseppe Cacace /AFP /Stephane Cardinale /Corbis /Jean Chung /James Devaney/WireImage /Dia Dipasupil /Ed Feingersh/Michael Ochs Archives /David Fenton / Fine Art Images/Heritage Images /Fox Photos/Hulton Archive /Ron Galella, Ltd./ Ron Galella Collection /Lynn Goldsmith /Steve Grayson/WireImage for BET Entertainment /Francois Guillot/AFP /Heritage Art/Heritage Images /Hulton Archive /Anwar Hussein / Wirelmage /Chris Jackson /Alain Jocard /AFP /Dimitrios Kambouris /George Karger / Jeff Kravitz /FilmMagic, Inc /Jackson Lee/GC Images /Leemage/Corbis /Francis G. Mayer /Corbis /VCG /Kevin Mazur/Getty Images /Arik McArthur /WireImage /Museum of London /Heritage Images /Photo /PictureLux /The Hollywood Archive /Popperfoto / The Print Collector /PYMCA/Universal Images Group /Rolls Press /Popperfoto /Pascal Le Segretain /Silver Screen Collection /Brendan Smialowski /SSPL /Sunset Boulevard / Corbis /Universal History Archive /Universal Images Group /VCG Wilson /Corbis /Justin de Villeneuve /Hulton Archive /Peter White /Patrick De Wilde /Gamma-Rapho /Vittorio Zunino Celotto /Getty Images for Luisa ViaRoma

New York Public Library: Copyright photograph by Diana Davies

Public Domain

Shutterstock /Alex Bailey /Focus Features /Kobal /Matt Baron /Columbia /Kobal / Columbia/The Weinstein Company /Kobal /Faherty/Mgm/Kobal /Howell Conant/ Paramount /Kobal /Everett Collection /Kharbine-Tapabor /Mgm/Kobal /Moviestore /Dale Robinette /Black Label Media /Kobal /SIPA /Snap /Alberto Terengh i/IP /Shawn Thew / EPA-EFE /Ken Towner /ANL /Warner Bros /Kobal

Every effort has been made to acknowledge correctly and contact the source and/or copyright holder of each picture and Welbeck Non-fiction Limited apologizes for any unintentional errors or omissions, which will be corrected in future editions of this book.